两个百年梦想与幼儿园园长

潘跃勇 著

图书在版编目（CIP）数据

两个百年梦想与幼儿园园长 / 潘跃勇著 . -- 北京：现代教育出版社，2015.9

ISBN 978-7-5106-3239-6

Ⅰ.①两… Ⅱ.①潘… Ⅲ.①幼儿园—教育管理

Ⅳ.① G617

中国版本图书馆 CIP 数据核字（2015）第 218901 号

两个百年梦想与幼儿园园长

著　者：潘跃勇

责任编辑：王　静　李　颖

装帧设计：张丽滢

出版发行：现代教育出版社

地　址：北京市朝阳区安华里 504 号 E 座

邮　编：100011

电　话：（010）64244927

传　真：（010）64251256

印　刷：北京盛兰兄弟印刷装订有限公司

开　本：787mm×1092mm　1/32

印　张：9

字　数：154 千字

版　次：2015 年 9 月第 1 版

印　次：2015 年 9 月第 1 次

书　号：978-7-5106-3239-6

定　价：39.00 元

目　录

序

大命与小命　　　　　　　　　　　　　　　　　1

胸怀大爱　立足幼教　奋勇攀登　　　　　　　5

汹涌的爱意　　　　　　　　　　　　　　　　9

前言

两个百年梦想与幼儿园园长　　　　　　　　　13

素养篇

做一个有战略眼光的园长　　　　　　　　　　29

做一个有国际视野的园长　　　　　　　　　　33

做一个有几分哲学素养的园长　　　　　　　　37

做一个有一定理论功底的园长　　　　　　　　43

做一个有文化品味的园长　　　　　　　　　　49

做一个优秀的男园长　　　　　　　　　　　　55

做一个真正把"以儿童为本位"作为

信仰的园长　　　　　　　　　　　　　　　　59

做一个有几分国学素养的园长　　　　　　　　65

做一个有几分美学素养的园长　　　　　　　　73

做一个有几分科学素养的园长　　　　　　　　83

做一个有个性特色幼儿园的园长　　　　　　　93

做一个教育家办园的园长　　　　　　　　　　103

管理篇

园长与安全管理   115

园长与教育教学   125

园长与师资队伍建设   135

园长与招生工作   145

园长与财务管理   155

园长与家长工作   165

园长与常规管理工作   175

投资篇

你真的想办幼儿园吗？ 187

我不是学师范的，能办幼儿园吗？ 193

你想办一所什么样的幼儿园？ 197

幼儿园的核心竞争力到底是什么？ 201

幼儿园的办园理念很重要吗？ 207

办幼儿园是加盟品牌好，还是创业自办好？ 211

投资一家幼儿园，需要多少钱？ 215

一所幼儿园到底能盈利多少？ 219

我的幼儿园引进 VC/PE 好，还是慢慢做强好？ 223

随笔篇

守住、守住、再守住，拓展、拓展、再拓展　　　231

快乐是我的全部生命　　　235

好消息　好快乐　好幸福　　　241

让自己快乐是智慧，让他人快乐是慈悲　　　247

天天好消息　时时好快乐　心中好幸福　　　253

让自己的内心充满正能量，让哈佛摇篮

充满正能量　　　257

我要成为全世界最顶尖的蒙台梭利教育专家　　　263

结语

我流一滴眼泪的力气都没有了　　　269

序

大命与小命

我很少看电影，更很少看中国拍的电影，一是真的没有太多时间，二是中国式电影也真的难以吸引我。不过，今年羊年的第一天，在爱人的鼓动下，看了一部让我荡气回肠、两眼湿润、久久不能平静的难得的好电影《狼图腾》。十年前，我看过姜戎先生的原著《狼图腾》，虽未深度阅读，但印象十分深刻。作者主要以自己在"文革"时期，在蒙古草原的亲身经历，以近乎自传体的叙事角度，描述了狼的活生生的世界，呼唤人与自然和谐共处的价值观，缅怀早期人类的图腾：自由、独立、顽强、勇敢的精神，永不屈服、决不投降的性格、意志和尊严。当然，作为一个幼儿教育工作者，我以我的生命视角和人生阅历来领悟这个故事。

狼作为草原生物链中的一环，是必不可少的。电影中最懂得蒙古草原的最后一位老人毕力格阿爸对知青陈阵讲："在蒙古草原，草和草原都是大命，剩下的都是小命。小命要靠大命才能活命，连狼和人都是小命。"

大命与小命，毕力格阿爸说得多么好啊！没有大命哪来的小命，没有了草就没有了草原，没有了草也就没有了狼和人的生存空间。狼—黄羊—黄鼠—野兔—草—马—人，构成与维持着大自然的生态平衡，这是草原上大命与小命之间的关系。

在今日之中国，实现"两个一百年"的伟大梦想是大命，剩下的都是小命；在今天的中国学前教育行业，实施第二期三年行动计划是大命，剩下的都是小命；在幼儿园世界里，可爱的孩子是大命，剩下的都是小命；在园长的管理世界里，教育理念和师资队伍是大命，剩下的都是小命；在我们园长的精神世界里，健康、长寿、快乐、自由、受人尊敬是大命，剩下的都是小命……

可是，在实际生活中，我们常常在大命与小命之间徘徊与彷徨。有时候真的把握不住什么是大命，什么是小命，什么时候要大我，什么时候要小我，什么时候要前进，什么时候要停下奋斗的脚步。我也时常陷于这种苦闷与迷茫之中，每当拖着疲倦的身体从幼儿园里回到家的时候，尤其是遇到难以解决的困难，"黑云压城城欲摧"，叫天天不应，叫地地不灵的时候，真的是想放弃所有的追求，回归于山野过一些闲云野鹤的生活，常常在一半是马云，一半是星云中斗争、纠结。可是每回到幼儿园，看到一个个可爱的小宝宝时；每当想起身患白血病经历9次化疗、18次手术以及骨髓移植术，孩子就是她全部生命——我们赵春梅园长令人感动的故事时；每当看到杨志彬老先生不顾近七十岁高龄还在中国幼博会上发出振耳欲聋的"**中国幼儿兴，则中国兴**"的呼唤时；每当想起中国的宝宝还不足75%的入园率时；每当想起美国、日本实施"**亚太再平衡战略**"包围中国时；每当想起被誉为"中国航天之父""中国导弹之父""中国自动化控制之父"和"火箭之王"的钱学森之问时。尤其是有人称呼我"潘园长"时，我深感对这三个字的惭愧，深感小我、小爱的不安与焦虑，深为小富即安、不求上进、荒废年华的萎靡思想而脸红。

坦率地说，自杨志彬老先生跟我谈话，让我好好总结一下奋斗经验出一本书时，我就忐忑不安，十分恍惚。写还是不写，比较纠结。写，工作千头万绪，剪不断，理还乱，尤其是怕写不好，没什么真东西献给伙伴们，还贻误大家的时间，更为不安；不写，在杨老先生面前不好交代，我是十分敬重杨老先生的。他是德高望重的大思想家、教育家，是我们的导师，听话才是好弟子。其次，人生已至知天命之年，饱经沧桑谈不上，但毕竟在"三尺"讲台上让自己的青春发光了十年，又在"东方风来满眼春"改革开放的热潮中走上了创业的不归路，而又长期沉浸在教育文化行业，没有根本上离开教育。转眼间，至今也有三十年的风雨洗礼了，也的确应该小结一下自我了，否则，对自己的生命是不好交代的。

哈佛摇篮幼儿园是2002年我在山东济宁办的第一所幼儿园，此后，在北京、山东、江苏等地投资了20所。有的办的还比较满意，有的还在探索之中。我办的幼儿园规模并不算大，在全国同行中自认为是默默前行的人。做幼儿园十几年以来，有过喜悦，也有过泪水，但总的来说，还算没走什么太大的弯路，发展的也不算快，也没选择走资本扩张之路，只是机缘到了就做一家，就这样顺其自然地走到了今天，今后也希望一切能够顺其自然地发展。

不过，我还是希望告诉伙伴们，除了做幼儿园，近五六年还做了另外一件事，就是在北京、山东又开辟了一个新天地，种了几千亩地的红枫树。

树人有"树"，树木有"树"，好在都是树。希望未来几十年，伙伴们说："在全国最会种树的是潘跃勇"，在全国苗木行业中的伙伴们说："最会做幼儿园的是潘跃勇"，也算人生一大幸事。

潘跃勇

2015 年 2 月 20 日

胸怀大爱　立足幼教　奋勇攀登

　　一年前，经全国人大常委会教科文卫办公室原主任卢干奇介绍，结识了北京哈佛摇篮教育集团潘跃勇董事长。经过几次接触，我感到他是个"有故事"的人，基于他十几年成功办园的实践与成绩，我提出应该认真总结经验，既能作为继续前进的基础，又能分享给同行借鉴。几个月后，当我读了他送来的样书，竟掩饰不住内心的喜悦，连声称赞"好书！好书！"

　　潘跃勇举办民办幼儿园之前，先后从事过教师、企业管理者、自己创业当老板等多种职业，曾获得"北京十大创业青年"的光荣称号，闪耀出"金子般的光芒"。在鲜花的簇拥和阵阵掌声中，他没有飘飘欲仙，而是在不断思考，苦寻如何为社会做出更大贡献的道路。从事幼教事业，是他最终的抉择。

《两个百年梦想与幼儿园园长》是一本充满爱国主义情怀，中华民族情怀的好书！

他说："两个百年梦想，已融入13亿中国人的血液。中国正在加速前进，正在缩短与发达国家的距离"。他大声疾呼："国家兴亡，匹夫有责。作为儿童教育工作者，我们有着义不容辞的责任。"他没有忘记中华民族那段贫穷落后、任人宰割的屈辱历史，而是深切感到："国家的真正强大来自于教育的强大，而教育的强大来自于基础教育尤其是幼儿教育的强大。根深才能叶茂，国家的强大之根在于幼教，国家的崛起之根在于幼教。"他深有感悟的说："在当下之中国，实现两个百年的伟大梦想是大命，剩下的都是小命"，"在幼儿园世界里，可爱的孩子是大命，剩下的都是小命；在园长的管理世界中，教育理念和教师队伍是大命，剩下的都是小命。"这是多么感人肺腑的心声啊！

人是要有点精神的，从事学前教育事业，办好自己的幼儿园，就应该胸怀天下，胸怀民族，胸怀祖国。这不是空洞的，是实实在在的，它体现在幼儿园的每一个工作计划中，体现在每一个具体活动中，体现在对待孩子的每一个行动中，体现在克服每一个困难后的欢乐中。

胸怀对祖国的爱，对中华民族的爱，对孩子的爱，把自己的工作与这种大爱紧密联系在一起，是我们做好幼教工作的基础；是我们投身民办幼儿园的原动力；是我们甘愿付出，上下求索，奋勇向前，取之不尽用之不竭的力量源泉！

《两个百年梦想与幼儿园园长》是一本十分接地气的好书。

作者依据自身多年办园的实践，不断摸索总结，充分认识到园长、教师是幼儿园质量高低的决定性因素。他在"素养篇"中提出，园长、教师应该具备13种素质，既有思想方面的也有业务方面的；既有理论方面的也有实际管理层面的。作者在"管理篇"与"投资篇"中从幼儿安全保证到日常管理，从招生策略到财务计划，从宏观到微观，从远大理想到艰辛现实，凡是涉及到的幼儿园方方面面，他都把十几年的经验体会倾囊而出，只要是对同行有帮助的，毫不保留，无私奉献。一句话，讲的都是"干货"！

《两个百年梦想与幼儿园园长》是一本对人身价值有着哲学思考的好书。

我在阅读本书的时候，仿佛有时听到涓涓细流的潺潺声，像是他坐在你的对面娓娓诉说；仿佛有时又听到电闪雷鸣，像是他站在高山之巅大声呼唤；有时我看到他在茫茫雪地悄然独立；有时我又看到他带领着一群人在风浪中搏击。他从孔子到黑格尔；从老子到苏格拉底；从卢梭、杜威教育思想起源到陶行知、陈鹤琴的教育理论……

他问伟人："你为什么？"他问自己："我为什么？"他站在幼儿园，不仅是看到活蹦乱跳的孩子，也看到了祖国的过去与现在，还看到了世界的昨天与今天，更看到了祖国美好的明天！冥冥中他看到自己就是世间一粒微尘，而地球如同自己一样，也是一粒微尘漂浮在浩瀚的宇宙中。正是在这反复的求索中，他悟到了："认识了自己，也就认识了世界，认识了生、老、病、死、爱别离、怨长久、求不得、放不下，也就认识了人生，认识了自己内心对童心的呼唤，也就走近了幼儿内心世界，真正认识了儿童的生命。只有深刻认识了自己，自己的幼儿园就有了定位，就有了文化，就有了特色，就有了生机。"

是的，这是一本作者和同行对话的好书；是一本在大家面前把自己剥开，给人以启迪的好书；是一本对学前教育有着哲学思考的好书；是一本生动鲜活、能让读者反复咀嚼、细细品尝的好书！

为了促进民办学前教育的发展，为了提高民办学前的教育质量。几年来，有近二十位的知名民办学前教育领军人物先后著书立说，传播经验，为民办学前教育理论发展添砖加瓦，做出了无私奉献。潘跃勇就是其中的一面旗帜！

无私无畏的民办学前人，为了孩子，为了教育公平，为了祖国的"百年中国梦"，有的抛弃发大财的商机，有的舍弃优裕的个人生活，有的压上自己的生命做赌注，全身心投入在阳光下最美好的事业中，投身在艰辛的民办学前教育事业中。他们不顾一些人的"白眼"，不怕一些人的冷嘲热讽，在崎岖的路上奋勇攀登！他们不断学习，认真实践，再学习，再实践，不断总结经验，不断修正错误，不断提高，不断前进。

他们才是真正的学前教育专家！

（杨志彬于2015年8月14日，中国民办教育协会学前教育专业委员会理事长）

汹涌的爱意

在繁忙的工作中，写序的邀请被我一拖再拖，潘总耐心等待，友好而婉转地提醒。

终于抽出时间坐下来。没有想到，一开读便被吸引以至于手不释"卷"——阅读的感觉是美好而兴奋的，心灵受到陶冶，生命平添力量。

和潘总认识已经有多年，但直到读到此书，我才得以走进他的精神世界——透过凝练质朴却也痛快淋漓、热情纯净的文字，我看到的是一个民办教育探索者，对这个世界、对中国学前教育汹涌的爱意所致的使命感与责任感、直面灵魂的反思与追问，对古今中外人类智慧的真诚的吸收，对同行由衷的欣赏和称赞，包括自己和团队几十年创业人生的智慧积淀。从精神到物质，从战略到幼儿园安全，我，这个不关注幼儿园运作的人，竟被吸引而认真读进去，很多时候甚至是被他吸引到一个痛快淋漓而又纯净纯美的精神世界。

有人说，要了解一个人，首先要看看他把时间投向哪里——从做教师到创办民营图书馆，从创办幼儿园再到投身绿色产业——植树造林。他选择这些领域去书写自己的生命，看来是有精神支撑的。

感谢潘总，不仅仅实践，还为我们留下了这样的精神财富。感谢潘总的书写和耐心等待，让我有机会真正地与这个生命邂逅。

潘总写道：我们每一个热爱儿童生命的幼教工作者，都该有一个属于自己充满浪漫气质的童话世界，都要有一种正如著名思想家王开岭所讲的灵魂寄托："让灵魂从婴儿做起，像童年那样，咬着铅笔，对世界报以纯真、好奇和汹涌的爱意。"我确实读到了这种汹涌的爱意。当然，还有超越现实世界羁绊的，对纯真、好奇的坚守和恪守。

读潘总的文字，也让我对中国民办教育界充满信心。在我国教育的话语生态中，无论整体还是个体，民办教育界都声音微弱。不是因为他们没有思想，而是在我国长期强大的官本位社会中，作为新生力量的民办教育常常处在体制的夹缝中和备受歧视的舆论氛围中。

但是，一直以来，我所看到的他们，一如本书文字背后的灵魂，其使命感和责任感，其担当精神，其智慧和热情恰恰在并不优越的环境中极致的彰显和绽放，也因此弥足珍贵格外灿烂。

确如陶西平先生所言，正处转型期的我国教育深陷挑战也因此需要有理想、有担当的教育家去探索、去回答。而更多像潘总这样的中国民办教育的探索者让我看到了我国教育的希望，能载入史册的中国教育家必能从他们中间诞生。

我一直致力于推动主流社会走进中国民办教育探索者的精神世界，读到潘总的文字、体悟自己的兴奋，更加坚信类似事情的价值和意义。也感谢中国民办教育协会学前教育专业委员会对相关工作的组织，感谢杨志彬先生对潘总静下心来做此总结的劝说。

真好！

春兰，2015 年 9 月 19 日

（贺春兰，教育学博士，人民政协报教育周刊创始人、主编。近20 年对中国教育政策、教育舆论环境建设、教育品牌传播的顶层设计与系统支持等方面有着卓越的影响力。）

前言

两个百年梦想与幼儿园园长

在 14 世纪，有一个人，他以口述的方式写了一本书，让他没有想到的是，这本书改变了世界格局，成了"世界第一奇书"。从此，宁静的世界沸腾起来，世界地图有了新的版本，"天圆地方"的学说成为异端邪说，人类拥有了一个共同的家园，世界一体化的大幕缓缓拉开，当时雄霸于全球 1000 多年的中国也启动了缓缓谢幕的脚步。这个人 17 岁时由地中海沿着丝绸之路来到中国，并在中国生活了 17 年。17 年间，他踏遍了中国的大江南北、万水千山，美丽富庶而又传奇的中国深深吸引着他。他就是意大利的马可·波罗，他口述的这本书就是《马可·波罗游记》，这本书的出版对于 14 世纪十分闭塞而又陷于彷徨的欧洲人来说，犹如一道黑夜中的裂空闪电，振聋发聩，"到东方去，到中国去"，刺激着欧洲人的每根神经。尽管后来的哥伦布至死都不知道实际发现的是美洲而不是中国，但人类的历史则由此进入了一个新的纪元，人类文明的进程开始加速，相互隔绝的世界各地开始连接起来，葡萄牙、西班牙、英国、荷兰、法国、德国等先后崛起的欧洲国家，各领风骚分别引领着世界前进，而当时雄踞世界 GDP 第一 1000 多年的中国光辉则逐渐褪色，当 1840 年英国人的坚船利炮打开国门的时候，中国则彻底退出了世界领袖舞台。

沧海桑田，否极泰来。积弱积贫受人奴役的中国沉睡了 100 年，1942 年加入了联合国，1971 年重返联合国，并任常任理事国，在世界大舞台上开始发出自己愈发铿锵有力的声音。

从 2008 年的夏奥会，到 2014 年 APEC，从 2016 年的 G20，到 2022 年冬奥会，世界为之瞩目，全球在聚焦中国。不仅如此，习近平总书记的"一带一路"规划不仅为"两个百年梦想"的实现和中华民族的伟大复兴描绘了具体蓝图，而且成为亚洲 34 亿人口以及"一带一路"沿线 50 多个国家的热切关注和期盼。尤其是拥有 57 个成员国的亚投行，更是成为连接世界"一带一路"杠杆的支点。这个杠杆正在不断延伸，地球正在浮起，全世界 224 个国家和地区，都在不同程度感受着扑面而来的中国风，无论这些国家相信这个"风力"有多少强度，他们都会面临一个毋庸置疑的现实，就是伟大的中华民族正在复兴，正在崛起。

的确，这是一个毋庸置疑的现实，"两个百年梦想"已融入 13 亿中国人的血液。中国正在加速前进，正在缩短与世界发达国家的距离。作为国人，我也十分坚信，我也分明感受到了前所未有的幸福生活和在国外受到的前所未有的尊敬。或许是幸福的生活和外国友好的尊敬来得太突然、太快速，我还没做好充分的心理准备，不免有些恍惚，让我不由得问自己，这新的生活、新的文明、新的技术、新的世界，自己做好准备了吗？同时，也让我不由得想起，这过去200多年，中国已错失了以"蒸汽时代"为标志的第一次工业革命和以"电气时代"为标志的第二次工业革命，虽然改革开放后的中国，幸运地紧紧抓住了以"电子信息"时代为标志的第三次工业革命的末班车，在这个末班车还尚未坐稳的情况下，世界经济高速列车已进入了"绿色能源"为标志的第四次工业革命。让我们非常庆幸的是，第四次工业革命正处于革命的黎明期、发动期、发展的敏感期，我们伟大的中国在这200年间，第一次与美国、英国、德国、法国、日本等发达国家站在同一起跑线上，在加速第三次工业革命的同时，一起参与筹划并发动、创新和进行第四次工业革命。我在想，这个起跑线，虽然站上了，可是我们站稳了吗？站得踏实？这个世界瞬息万变，更令我们不安的是发达国家正在关注的"后碳时代"可持续发展或许是第五次工业革命的风雨正在孕育召唤之中。

现在，我们距实现全面小康生活的第一个百年梦想还有6年的时间，距实现达到中等发达国家水平的第二个百年梦想还有34年的时间，我们的政治、经济、文化、教育、科技、人力资源等方面都做好冲刺并保持可持续发展的准备了吗？

尤其是第三次工业革命的核心内容和第四次工业革命的科技基础标志——互联网，我们的战略布局，人才挖掘与培养，互联网＋

的开发与运用，传统企业的转型与升级，我们的认识到位吗？深刻吗？准备好了吗？

凡事预则立，不预则废。在这个以移动互联网＋为核心标志的第三次、第四次工业革命大背景下我们要充分认识到，中国的崛起，首先是电子信息的崛起，大数据的崛起，移动"互联网＋"的崛起，这是中国政治、文化、经济、教育、科技崛起的基础，这是实现国家富强、民族振兴、人民幸福的必要条件。我们要充分认识到移动"互联网＋"对中国崛起的重要性、必要性和紧迫性。只有此，中国才有未来，才不会错失千载难逢的历史机遇，才不会辜负中华民族四万万同胞200年所承受的苦难和"中国人与狗不得入内"的人格屈辱，才能真正实现"一带一路"的宏伟蓝图和两个百年的梦想。《第四次革命（看神经科技如何改变我们的未来）》的作者扎克·林奇说："互联网是一切技术的基础，它帮助我们真正理解我们是谁，我们身在何方？"

《大数据时代》的作者之一维克托·迈尔一舍恩伯格更是一语道破当今世界竞争的本质："如果你是一个人，如果你拒绝的话，可能会失去生命；如果你是一个国家，拒绝大数据的话，可能会失去国家的未来，失去一代人的未来。"

令我们欣喜的是，对此，在国家层面，有了空前的认识。十八大报告中，明确把"信息化水平大幅提升"纳入2020年全面建成小康社会的目标之一，习近平总书记对互联网给予高度重视，多次多角度指出互联网的重要性，他在考察腾讯公司时说："现在人类已经进入互联网时代这样一个历史阶段，这是一个世界潮流，而且这个互联网时代对人类的生活、生产、生产力的发展都具有很大的进步推动作用。"他在乌镇召开的世界互联网大会上指出:"当今时代,以信息技术为核心的新一轮科技革命正在孕育兴起,互联网日益成为创新驱动发展的先导力量,深刻改变着人们的生产生活,有力推动着社会发展。互联网真正让世界变成了地球村,让国际社会越来越成为你中有我,我中有你的命运共同体。"在 2015 年两会上李克强总理首次提出制订"互联网 +"行动计划。他在政府工作报告中指出,新兴产业和新兴业态是竞争高地,要实施高端装备、信息网络、集成电路、新能源新材料等重大项目,把一批新兴产业培育成主导产业。腾讯马化腾提出:要把"互联网 +"上升至国家战略,要在互联网金融、互联网交通、互联网教育、互联网医疗、互联网农业、互联网工业等方面渗透。百度李彦宏提出:要设立"中国大脑"计划,推进中国人工智能跨越发展,以智能人机交换、大数据分析预测、自动驾驶、智能医疗诊断、智能无人机等为重要研究领域,支持有能力的企业搭建人工智能基础资源和公共服务平台。李彦宏认为:要像美国的"阿波罗登月计划"一样,中国要有自己的"阿波罗计划",以此来凝聚互联网高科技创新型人才和技术,促进一大批有核心竞争力的创新企业成长。

"身处一个时代开启的黎明时刻,人类未知的远远大于已知"。"信息传播技术创造了绝对少数也不能被忽略的可能,每一个声音都面对着世界,每一滴水珠都同于大海"。

在我们看到互联网上升为国家战略为之欣喜的同时,我们更应该冷静地看到怎样去实施互联网战略,怎么使中国的互联网引领世界互联网的发展。在第三次、第四次工业革命浪潮中发挥出中国独特的影响力和推动力。我们更应该看到美国、日本、德国、英国、印度等国家都在抢占世界互联网的制高点，都在加速培养和垄断世界顶尖的互联网人才。当比尔·盖茨与马云握手的时候，当我们看到 Facebook 雄姿英发的 31 岁的扎克伯格，334 亿美金的财富比 87 岁的李嘉诚还多的时候，我们想到了什么？与其说，当前的世界经济是以金融经济与寡头资本为表现形式的竞争，不如准确地讲是以互联网技术开发与应用，抢夺互联网人才的竞争。谁拥有了顶尖的有卓越创新能力的互联网人才，谁就拥有了未来。这是当今世界经济竞争的本质，也是世界上 224 个国家和地区在第三次、第四次工业革命浪潮中重新洗牌，重新排队的决胜所在。看不见的、无处不在、无时不在的没有硝烟的战争，每分每秒，此时此刻，在地球的每一寸土地，在宇宙的每一个空间，都以非线性的几何指数难以想象地上演着，无数个网点碎片瞬间汇聚出摧枯拉朽的力量，足以毁灭整个世界。

有人说，第三次、第四次工业革命后留下来的只有两个国家，一个是创新的国家，一个是没有创新的国家。

其实，准确地讲，20 年以后的世界会有两个世界，一个是有互联网创新能力的世界，一个是没有互联网创新能力的世界。

企业也是如此，20 年以后的企业，也只有两个企业，一个是有互联网创新能力的企业，一个是没有互联网创新能力的企业。没有互联网创新能力的企业恐怕也苟延残喘不到几时，剩下的只有眼泪。

可是，今天忙忙碌碌的整日疲于奔命十分麻木的我们，又有多少能够看透这个瞬息万变的互联网革命背后真正的革命是什么呢？又有多少知道 4G 自媒体、APP、O2O、B2B、B2C 等客户端给我们的日常生活带来冲击背后真正的玄机呢？我们的政府、企业，尤其是我们教育工作者，又有多少真正明白互联网＋背后的互联网思维到底是什么样的思维呢？又有多少人看到中国与美国、日本、德国、英国、印度、俄罗斯等国家之间的互联网人才竞争背后真正的竞争是互联网教育革命的竞争呢？作为教育工作者特别是幼儿教育工作者的我们，又有多少看到互联网教育革命与现有的教育理念、教育担当、课程创新、人性关怀、思维变革之间的生死之结呢？

31 岁的 Facebook CEO 扎克伯格说："历史上我们从来没有过如此巨大的机会，一个人，一间屋，创造一种服务，可以让上亿人甚至数十亿人受益，这令人诧异，这是一个激发创造、专注爱好的最好时代。"

"笼罩全球的互联网，轻便地伴随着每一个自由的人，移动起来的，就是不可估量的需求、智慧和创造。创造不再属于系统经验，创造不再属于成熟和阅历，创造属于随时随地，属于人生的每一刻，每一个普通人与每一个恢宏的机构，划时代地拥有了平等的地位。"这是 2014 年给人以强烈冲击与震撼的央视制作的纪录片《互联网时代》最经典的一段话。

亚洲博鳌论坛的前秘书长龙永图说："我们已经置身于一个全新的时代，新的经济形态、商业模式、管理理念层出不穷，互联网浪潮的涌动将创新和创造的主动权和机会平等地交还给每一个普通人。"

"无穷的远方，无数的人们，都和我有关。"（鲁迅）

一沙一个世界，一个电脑，一个宇宙，一个小我可以撬动地球，一个小屋可以主宰世界，一个草根贫民可以叫板政府，一个十岁儿童可以指点江山，一条微信可以令全球不安。任何人都可以成为比尔·盖茨，都可以成为佩吉和布林，都可以成为马云、马化腾和李彦宏……

人类历史上从来没有像21世纪的今天这样，人性可以彻底地释放，创造、想象可以随时绽放，这是人类历史上最激动人心的时代，也是创造力、想象力最为自由的时代，互联网还给了人类自由、民主、平等和爱，尽管还不是那么彻底，但如远古人类发现火和瓦特的蒸汽机一样的互联网革命之势已排山倒海般袭来，已经无法阻挡。所有的你都让我变得更强，所有的我都让你变得更加有效，所有的人们都在努力做最好的自己。

如果我们的高层，我们的政府，我们的教育工作者还没有看到这灼热的互联网革命燎原之势以及燎原之势背后的竞争才是互联网革命之根本的话，我们的中国危在旦夕矣，我们的中国就会错过这200年的等待。

我们的国家要感谢李彦宏，我们的教育工作者要感谢李彦宏。他提出的互联网思维不仅正在推动着中国互联网革命，而且还在推动和影响着中国教育的未来。互联网思维不仅仅是指对大数据、云计算、APP、万物互联互通的电子生态链的思考方式，更是对人们做最好的自己，不依赖于任何人、任何机构，去无限自由地想象与创造。

大家知道，我们心中有一个共同的痛，我们13亿人口的大国，至1900年设立诺贝尔奖以来，中国获得诺贝尔科学奖的屈指可数，而至 2007 年，美国获得 271 个，英国 80 个，德国 65 个，法国 29 个，日本 9 个……

大国的崛起，是互联网的崛起，是教育的崛起，更是想象力、创造力教育的崛起，一个缺失想象力、创造力的民族是没有希望和未来的，是无法打赢第三次、第四次工业革命这场战争的。落后的想象力和创造力是和贫穷、挨打、奴役联系在一起的。

在美国。胡适在美国读康奈尔大学时，适逢小学新生上第一课，他跑去偷听，整堂课的内容是小学生们跟着老师反复背诵着誓词："我保证使用我的批评才能，我保证发展我的独立思想，我保证接受教育，从而使自己能够自作判断。"这段誓词是美国第三任总统杰斐逊为美国学生亲自撰写的。

在德国。联邦德国《基本法》第七条第六款明确规定，禁止设立先修学校（学前班）。通过国家介入，禁止对孩子过早开发智力，避免将孩子大脑变成硬盘，要留给孩子更多的想象空间。孩子在小学前的"唯一任务"就是快乐成长。幼儿园的课程绝大多数在户外进行，森林、小溪、农场成为孩子们的课堂。

在日本。据美国《时代》周刊报道，非政府组织"救助儿童会"发布的《儿童发展指数 2012》公布了全球各国儿童发展指数最新排名，日本排在第 1 位，其次是西班牙、德国、意大利、法国等，中国排在第 29 位。日本的小学课程极少，每天早早放学，基本没有家庭作业，即使有也是在未来科学馆、船舶科学馆、江户博物馆、图书馆查找资料一类的事儿。27 岁就去世的日本童谣诗人金子美铃的诗集《向着明亮那方》，映照出日本儿童面对一丛山花而怦然心动的自由想象能力。

在21世纪，想象力、创造力是第一生产力，谁拥有了想象力、创造力，谁就拥有了未来。培养学生的好奇心、想象力、创造力和批判思维能力是中国教育改革的趋势和方向，是互联网革命取得胜利的保障和前提条件，也是实现两个百年梦想的基础之基础。

这是中国教育工作者21世纪的大任，这是各级政府、全社会所应担当的大任，中华民族再也输不起了，再也不能忘记1876年费城世界博览会上尴尬与悲哀的一幕了。英国展出的蒸汽机车，美国展出的电动机和发电机，德国展出的精密机床，而我们中国展出的是纯银打制的27件耳挖勺和小脚绣布鞋。

作为儿童教育工作者，在这波浪滔天的互联网思维革命浪潮面前，在这肩负培养儿童想象力、创造力和批判力就是推动中华民族崛起的大背景面前，我们该怎么办呢？

我们没有忘记一个现象，1840年当中国沦陷为半封建半殖民地的时候，在万里之外的德国，人类的第一家幼儿园诞生了。在1876年，中国端着颇为骄傲的27套耳挖勺赴费城博览会的时候，日本建立了第一家公立幼儿园。在1907年，三座大山压得中国人民喘不过来气的时候，在意大利的蒙台梭利儿童之家迎来了第一批孩子。而我们在1923年，陈鹤琴老先生的执着努力，在自己的家里开办了中国第一家幼稚园。

这个现象的背后，与大国的崛起和国家在世界上的影响力有什么必然的联系？我想，还是非常重要的联系吧。

一个重视教育的民族，是能够称霸世界的；一个重视儿童教育的国家，是能够赢得未来一切挑战的。

儿童的想象力、创造力和批判力与民族的兴衰之间的关系，在21世纪的今天，愈发显得重要、迫切和紧密。

国家兴亡，匹夫有责。作为儿童教育工作者，我们有着义不容辞的责任，我们深知巴甫洛夫"孩子出生第三天教育，就已经晚了两天"的内涵；我们深知，人一生的想象力、创造力和批判力的培养敏感期就在 3～6 岁幼儿时期，这真的是天降大任于斯人也，苦我心智，劳我筋骨，饿其体肤，空乏我身，又算得上什么呢？20 年一个时代，20 年一个轮回，20 年一个交替，幼儿兴则国家兴，幼儿想象力、创造力强则国家就强，不仅仅成为幼儿教育工作者，更应该成为 13 亿中华儿女的共识和期待。

中国 1～6 岁幼儿有 1.3 亿，幼儿园有 20 万所，幼儿园园长有 20 万个。由此可见，这 1.3 亿儿童的想象力、创造力和批判力的培养大任毫不保留地就落在了这 20 万所幼儿园的园长身上了。我们每个人都知道，有什么样的园长就有什么样的幼儿园，有什么样的幼儿园就能培养出什么样的幼儿，园长的想象力、创造力和批判力丰富，幼儿的想象力、创造力和批判力就会强大。也可以不夸张地从某个程度上讲，中国 20 万个幼儿园园长的综合素养，尤其是想象力、创造力和批判力的素养，将影响 20 年后中国的未来，将影响互联网革命的输赢。可是今天的各级政府和社会各界人士又有多少真正知道这个问题的严重性呢？又有多少家长知道 3 岁决定一生的根本是儿童的想象力、创造力和批判力决定其一生呢？我们一方面抱怨中国涌现出的诺贝尔科学家少之又少，没有像《阿凡达》这样的好莱坞大作，一方面又麻木地事不关己高高挂起；一方面把孩子送给幼儿园向幼儿园提出无限期待，一方面又不尊重幼儿园的课改和怠慢园长的沟通；一方面国家高层大力支持社会力量办园，提高幼儿园园长和教师地位及合法权益，实现公办民办平等，一方面在日常工作中，我们的园长不被政府尊重，有的已经被折磨得失去了办幼儿园的信心和乐趣。有时候，面对困难，叫天天不应，叫地地不灵，尤其令今天的幼儿园园长最为憎恶的是，幼儿园正常出现的幼儿磕、碰、伤或拉肚子现象，社会媒体捕风捉影，夸大其词，唯恐天下不乱，让视幼儿为生命、本是弱势群体的幼儿园园长也不得不更加卑躬屈膝，低着头、含着泪奔跑。

这样的幼儿园园长的生态环境要引起政府高层的高度重视，幼儿园生态环境不优化，幼儿的想象力、创造力和批判力从何谈起？中国的互联网革命成功从何谈起？中华民族的复兴和崛起从何谈起？

提高园长的政治地位。对此，我强烈呼吁，一是在各级人大、政协委员会中要增补最基层的优秀园长，尤其是要有民办园园长。很难想象，一个教育届别里缺少园长或幼儿教师怎么还能构成教育届别？二是要大力表彰幼儿园园长，全国各级政府每年教师节都要隆重表彰幼儿教师和幼儿园园长，尤其是要重点表彰乡村幼儿教师和乡村幼儿园园长。三是要大力营造全社会关注幼教、尊重幼教的氛围，不要夸大其词地打压幼儿园，否定民办园合理的诉求。

提高园长的经济地位。要提高公办园园长的工资和福利，要与小学校长的工资福利看齐。要尊重民办园园长合法获得的劳动报酬，不能歧视民办园园长。

提高园长的专业素养。政府要出资举办多种形式多个层次的培训，举办国内外的学习考察培训班，不仅面向公办园园长，还要包括民办园园长。

大力培养乡村幼儿园园长。中国至 2012 年有 592 个贫困县，贫困人口 8000 多万，乡村幼儿园入园率极低，乡村幼儿园园长更难担当，对此我们要引起重视。

积极倡导中国优秀男人走进幼儿园，大力宣传并鼓励优秀男教师成为园长。中国的幼儿园太缺少男园长、男教师了。对于儿童的想象力、创造力和批判力的培养，男园长、男教师有其独特的方法和艺术。

人类世界史已经证明，国家的真正强大来自于教育的强大，而教育的强大来自于基础教育尤其是早期教育的强大。根深才能叶茂，国家的强大之根在幼教，国家的崛起之根在幼教，而这千条万条盘根错节中的根系之母就是幼儿园园长。

《大趋势》的作者约翰·奈斯比特是世界著名的未来学家。他在一次演讲中说："教育具有决定性的力量，不但会改变一个人的人生轨迹，也会改变世界的面貌。西方能成为世界的中心，绝对不是因为他们的军事力量，而是他们头脑和智慧的力量。事实上，过去的 200 年，很多技术发明、创新和变革都是由西方发明并且走向世界的。"

著名企业家冯仑说："看见未来的才有未来。"

互联网革命的未来已经走来，中国崛起与两个百年梦想的未来已经走来，未来已来，一切无限可能。

卢梭

素养篇

做一个有战略眼光的园长

为什么要建议园长做一个有战略眼光的园长呢？为什么要把战略眼光放在园长素质的第一位呢？

从我人生五十年的经验与教训来看，从当今各行各业当然也包括我们幼教行业日趋恶劣的竞争来看，从无数个幼儿园园长成功与失败的案例来看，告诉我们一个最重要的答案。国家与国家之间的竞争，不是航母和飞船；企业与企业之间的竞争，不是金钱和资源；幼儿园与幼儿园之间的竞争，也不是装修环境和课程特色；人与人之间的竞争，更不是拼爹和财富。这一切竞争的背后，隐藏着一个重要的哲学思想，就是战略定位决定一切。当然，战略定位如何也将决定幼儿园的生和死。

马云说，你的眼光看到一个省，你就做一个省的生意；你的眼光看到全中国，你就做全中国的生意；你的眼光看到全世界，你就做全世界的生意；你的眼光看到今天，你就做今天的生意；你的眼光看到十年以后，你就做十年以后的生意。

马云还说，比聪明，你已经没有机会了；比勤奋，估计也没机会了。你只能比未来，比眼光。

中国有 20 万个幼儿园园长，说实话，相当一部分园长，从没想过"战略"，真的不知道 10 年、20 年以后，自己的幼儿园将在哪里？有的甚至根本就没想过自己 10 年、20 年以后将有什么样的生活？自己的未来在哪里？也有的园长不了解中国幼教改革的大趋势，还在逆势而上，撞得头破血流，有的徘徊、迷茫，没有做好充分的准备，煮熟的鸭子都飞了，错过了千载难逢的机遇，捶胸顿足，后愧不已。有的园长经受不了突如其来的变故与打击，选择了退出和放弃。有的职业园长，两三年就换一家幼儿园，一转眼，人至四十，回头一看，双手空空，成了行业流浪女等等。由于缺乏战略素养的学习和训练，我们相当一部分园长还在漫长的黑夜里，摸着墙壁行走。

当园长真的不容易，没有办法，既然上天派我们来成为孩子们的灵魂设计师，那我们就要肩负起这伟大的使命，本着对孩子高度负责、对自己的生命高度负责的精神，就要左手拿着望远镜，遥望前方，仰望星空，又要右手拿着放大镜，脚踏实地，丈量生命。

园长如何把握未来的战略呢？这要从两个方面分析。

一是幼儿园发展战略。幼儿园发展战略包含品牌战略、经营管理战略、未来发展战略、人才发展战略、课程发展战略，等等。我们重点关注的是未来发展战略，我们可以没有现在，但不能没有未来。

幼儿园的发展一般分为四个阶段：

第一阶段，幼儿园创业初期 3～5 年，也是幼儿园夯实日常管理期。

第二阶段，幼儿园的成长期 3～5 年，幼儿园教育教学秩序井然，课程特色鲜明，师资队伍趋于稳定。

第三阶段，幼儿园成熟期 3～5 年，幼儿园品牌深入人心，美誉度、忠诚度日趋提高，经济效益也十分明显。

第四阶段，幼儿园扩张期，由一家扩张成数十家，从区域性品牌发展为全国性乃至世界品牌。

二是园长个人发展战略。一般园长从创业到成熟也要经历四个阶段。

第一阶段，园长的创业初期 3～5 年，为摸索期、感觉期。此时的园长有时飘飘然，有时茫茫然，有时踌躇满志，有时心灰意冷。

第二阶段，园长的快速成长期 3～5 年，此时的园长情绪趋于稳定，幼儿园的常规工作基本熟悉，经营管理有了感觉。

第三阶段，园长的业务成熟期 3～5 年，此时的园长深谙经营管理之道，成为管理专家，各项工作风生水起。

第四阶段，园长的哲学思想成熟期，此时的园长已从日常的管理专家转型为管理大师，正朝着儿童教育家或幼儿园资本管理专家方面发展。有的已著书立说，传道授惑，布道于天下，有的已成为创业资本大亨，笑傲于幼教。

幼儿园经过一个时期的积淀，面临着向左走、向右走的问题。

向左走，走进资本市场的大门，昂首阔步前进。向右走，走进自己心目中童话世界的城堡，做自己搭建的城堡的国王。当然，向左走还是向右走并不是没有交集的可能。

园长个人经过几十年的风雨洗礼，也面临着向左走、向右走的问题。向左走，成为一个资本家。向右走，成为一个教育家。当然，这并不是说，资本家就不能是教育家，教育家就不能是资本家。

有了向左走、向右走的分析与思考，我想我们的园长对自己、对自己的幼儿园要有一个比较清晰的把握了。无论走哪条路，都是一种成功，都会受人尊敬，都是一部激情与爱情、理想与现实胶着编织的奋斗史。

我想给园长的建议是，无论走哪条路，一定要把握三个方面。

一是一定把握时代的脉搏，多听、多看国际国内时事政治，吃透政策核心，捕捉经济趋势脉象，设计幼儿园和自己10年、20年、30年后的归宿。

二是一定要认定所向，永不回头。坚持不一定成功，坚持到底一定会成功。不是有了希望才去坚持，而是坚持才会有希望。一棵大树成为栋梁，要经过二十年的风吹雨打，玉汝于成。

三是一定要把自己的长处淋漓尽致地发挥出来。木桶原理的短板理论已经过时了，人生盛水的多少，取决于你的绝对优势。

做一个有国际视野的园长

黑格尔说，一个民族只有有那些关注天空的人，这个民族才有希望。如果有个民族只是关心眼下、脚下的事情，这个民族是没有未来的。

我们是否也可以这样说，中国的幼儿园只有有那些把幼儿园命运、国家命运与世界命运紧密联系在一起的园长，中国的儿童才会有希望。如果中国的园长只是把自己关在自己的院子里，只是关心自己的事情，这个幼儿园是没有未来的，中国的儿童是没有未来的。

作为一个幼儿教育工作者，应该不要忘记，世界的幼儿教育史与中国联系世界的历史是多么巧合，也是多么令中国人痛苦与心酸。不会忘记 1840 年吧，就在这一年，德国的福禄贝尔正为全世界第一所幼儿园的奠基而兴奋欢呼的时候，在世界的东方——中国，同时，也被英国坚船利炮敲开了大门，翻开了中国近代史的屈辱篇章。从1840年起，中国的历史已经不再是中国自身的历史，而是变成了一部与全球各国日益联结在一起的世界整体历史的一部分。从此时起到今天的中国用了175年的时间，中国始终在做三件最伟大的事情，一是联系世界，二是融入世界，三是积极地负责任地改造世界。

中国的教育也是如此。

自18世纪伟大的教育家、哲学家、思想家卢梭的被誉为"童年革命"的《爱弥儿》面世以后，人类的教育史进入了一个伟大的历史发展时期。卢梭认为，孩子在12岁以前不应该读书，要从自然中学习。凡是出自造物主之手的东西都是好的，但到了人的手里，一切都蜕化了。此后，深受卢梭"以儿童为本位"思想影响的瑞士教育家裴斯泰洛齐真正开始了实施，裴斯泰洛齐教育的第一个原则，就是自然教育，他的算术课引进了石头、苹果等实物。裴斯泰洛齐的实物授课极大地推动和影响了18世纪的教育改革，他的学生福禄贝尔创建的世界第一所幼儿园也深受影响。

同时，在人类教育史上最伟大的教育家杜威，是典型的实用主义哲学家，也深谙卢梭和裴斯泰洛齐的教育之精髓，杜威"教育即生活"、"学校即社会"的教育思想，在他的弟子胡适、陶行知的推波助澜下，成为中国20世纪乃至今天毅然引领中国教育的最核心思想。

近两个世纪以来，中国的教育无不在联系着世界，融入着世界，也逐步在世界教育的大舞台上彰显着中国5000年文明的厚重与深邃，今天的中国正以广阔的胸襟和独特的对人类生命文化教育的理解影响和推动着世界教育。正当其时，未有穷期。

作为一个幼儿园园长，从小处讲是一群孩子王，是率领五六十名教师的小领袖，有的是率领数百名教师的领袖；从大处讲，是塑造人类灵魂工程师的工程师，是用一个生命影响无数个生命的神父、牧师，是肩负让中国儿童走向世界，让世界儿童了解中国这一伟大使命的天使，是实现中国两个一百年梦想的奠基者。

作为一个园长，真的不容易。当我们每天面对一个个天真可爱、对世界充满期待眼神的宝宝时，我们真的感受到如临深渊、如履薄冰，为自己的知识和素养不足而深感不安和焦虑，我们的责任太大太大了。要不，有人说，你爱她，就让她去做园长吧；如果你恨她，也让她去做园长吧。

现在，地球成了一个大家庭，成了地球村，世界经济一体化，世界教育多元化，互动化的浪潮，谁也无法阻挡。幼儿园园长的知识结构和人文素养又面临着新的挑战和机遇。今天的幼儿园园长，要具有儿童教育理念的世界性、前瞻性。幼儿园的国际化不是你想不想、幼儿园转不转型的问题，而是你必须要想、必须要转的事情了。往前走，柳暗花明，峰回路转，一马平川；往后退，悬崖峭壁，剩下的不仅仅是眼泪。

我们应该冷静地看到，今天中国的幼儿园有四大趋势、一是世界文化教育的多元化、二是儿童教育的个性化、三是教师素养的人文化、四是园长素养的国际化。

视野的高度决定人生的高度，当然更决定幼儿园的兴衰。作为一个园长，一个优秀的有责任感、使命感的园长，一定要把握住中国教育的趋势、世界教育的趋势，把自己的生命与整个中国、整个世界紧密地联系在一起，顺应当前时代和社会发展的需要，以开阔的、开放的、全球的、360度的现代化思维方式，改变自己的知识结构和人文素养，培养自己的国际化人文气质，用眼、耳、鼻、舌、身、意，去感知这个多姿多彩的生动地球，甚至于常常在深夜里抬起头，仰望满天的繁星和宇宙，用心与世界对话，用生命影响另一个生命。我们的幼儿园一定会灿烂精彩，我们的孩子一定会站在世界的大舞台上，以世界公民的身份，向全球村民发出中国人的声音。

没有比人更高的山，只要你真的想登上山巅。

没有比脚更长的路，只要你坚持不停、不停地迈开脚步。

世界其大无外，地球以外有太阳，太阳系以外还有银河系，银河系以外还有星外系。

世界其小无内，物质、毫米、微米、埃、皮克米、飞米、夸克……

今年春节，有一惊人消息，惊呆了全世界。荷兰在全球选了100名勇士，于2024年将登上离我们5000多万公里的火星，这是一次单程票的旅行。更令我们振奋的是，河北邯郸33岁的李大鹏等4名华人也将成为战神，驶向浩瀚的宇宙。倘若"火星一号"计划真的实施，远在千万公里之外，橘红色的星球上有我们中国人的身影，我们除了兴奋、骄傲、敬仰，作为幼教工作者，作为一个伟大的幼儿园园长，该怎么办呢？

做一个有几分哲学素养的园长

有一个故事，从前有座山，山上有座庙，庙的门楣上镌刻着五个大字，这五个字从 2500 年前一直到今天，还在那里熠熠生辉，如黑夜中的月亮之神指引着人类前行。当然，也带着我们伟大的幼儿园园长在人生迷茫、事业彷徨、心灵荒芜的时候走向黎明。

这座山，就是几千年前的古希腊奥林匹斯山。

这座庙，就是这座山上的德尔斐神庙。

这五个大字，就是"认识你自己"。

这五个大字就是与被誉为"万世师表"的孔子同时代的古希腊思想家、哲学家、教育家苏格拉底的哲学宣言书。

"认识你自己"不仅照射着 2500 年以来人类的思想天空，而且也深刻影响着人类的文明。自从苏格拉底唤醒了人类的心灵世界，打开了由心灵认识世界的大门，人类的教育史开始进入了"一棵树摇动另一棵树，一朵云推动另一朵云，一个灵魂唤醒另一个灵魂"的发展时期。同样，苏格拉底也拉开了人类走进儿童心灵世界的大幕。

人类最伟大的教育家，古罗马的昆体良，在公元 1 世纪就提出要重视儿童教育，儿童的教育应是鼓励的，要激发儿童的学习兴趣，主张应让儿童尽早地接受学校教育。昆体良的儿童教育思想在 2000 年后的今天看来，依然闪耀着教育的光芒，多么值得我们今天的儿童教育工作者敬仰。

从 16 世纪"把世界作为书房"的蒙田到 18 世纪"以儿童为中心"的卢梭，从 19 世纪诞生人类第一家幼儿园的福禄贝尔到 20 世纪"把整个心灵献给孩子"的苏霍姆林斯基，从蒙台梭利到杜威，从皮亚杰到马拉古奇的瑞吉欧，到鲁道夫·史代纳，等等，无数的教育家都从人类文明的历史、人类生命的本身和哲学的视角，观察生命，发现儿童，走进儿童的内心世界，研究儿童生命的奥秘，探索人类生命的真谛。

我们看到，古往今来，无数的教育家，首先是一个哲学家，都是从"认识你自己"开始，再去感知整个世界，从自己内心世界走进孩子的内心世界，以自己的生命影响着另一个生命。可以想象，如果一个教育家不能从人类文明的高度、人类生命的深度，不能从哲学的视角纬度，来分析生命、把握生命，还能成其为教育家吗？

我们讲，为教育者办教育，为教育者办学校，中国的教育才有希望，中国的幼儿园才有希望。

"穷则独善其身，达则兼济天下。"我们作为一个幼儿园园长，绝不能满足于个人一时的快乐和物质上的富足。我们要把生命的每一分钟热情献给孩子，我们要走进儿童的内心世界，发现儿童，研究儿童，成为儿童教育专家。中国呼唤着幼儿教育家的到来。

　　成为一个幼儿教育专家，除了丰富的知识和厚重的人文积淀，以及扎实的业务基础，我认为还要像无数的教育大师一样，学习一些哲学知识，拿起苏格拉底馈赠给我们"认识你自己"的生命礼物，打开我们感知自己生命通往儿童高尚灵魂世界的大门。

　　谈起哲学，我们有的园长发憷：太复杂，太深奥，太艰涩，离我们园长的生活太遥远。其实不然，哲学就是智慧学。我们园长要想有智慧，就要懂点哲学，使用哲学这个工具，办好幼儿园，并引导我们的人生健康成长。

　　当我们认识自己从哪里来，现在在哪里，到哪里去，我们不再困惑迷茫了，事业不再彷徨了，就知道幼儿园是向左走，还是向右走了。当我们认识自己，生命70%是水构成的，知道日本江本胜《水知道答案》的故事时，我们再也不会为不开心的事情纠结了，因为我们知道了放下屠刀立地成佛的真谛。

　　当我们认识自己，生命是内因决定外因，我们就终于理解"以儿童为中心"就是"以儿童内心世界为中心"的教育论断了。

　　当我们认识自己，"其身正，不令则行，其身不正，虽令不从，"我们就明白了"榜样的力量是无穷的"这一哲理，要常常告诉自己，24小时我都是园长。

　　当我们认识自己，相由心生的时候，我们就会告诉我们的教师，每天都露出八颗牙齿，微笑着面对每一个宝宝。

当我们认识自己，认识世界是用眼、耳、鼻、舌、身、意感知的时候，我们就终于明白了蒙台梭利"我听到了，但随后就忘记了。我看到了，也就记住了。我做到了，也就理解了。"

当我们认识自己，发觉人的潜能无限时，我们就会在工作时做到全力以赴，不留遗憾，最终顺其自然。

世界上最难的事情，就是认识自己，往往是当局者迷，旁观者清。人的生命就是从呱呱落地，啃着脚趾，摸着鼻子，到年至古稀，拄着拐杖，望天边云卷云舒，认识自己，改变自己，重塑自己的过程。

认识了自己，也就认识了世界，认识了生、老、病、死、爱别离、怨长久、求不得、放不下，也就认识了人生。认识了自己内心对童心的呼唤，也就走进了儿童的内心世界，真正认识了儿童的生命，自己的幼儿园就不会再追求硬件的奢侈，而是把焦点放在幼儿内心世界的塑造方面。认识了自己，自己的幼儿园，就有了定位，就有了文化，就有了特色，就有了生机。

怎样才能做到有几分哲学素养呢?

我的建议有六条:

一是多读书。读一些教育家、哲学家经典著作十分必要。如卢梭的《爱弥儿》，杜威的《哲学的改造》，蒙台梭利的《童年的秘密》，等等。

二是多旅游。再忙也要给自己放个假，登高山、望大海，能唤醒生命内在的力量。

三是多写作。养成多写的习惯，即使在微信上多写些生活的快乐，晒些自己的生活，日积月累，也会有智慧的沉淀。

四是多交流。与年长者、有知识者、有经验者的园长多交流，多沟通，最好的学习是聆听。

五是多思考。每天再忙也要给自己半个小时的思考时间，定能生慧，静能修身，宁静致远。尤其是在晚上，躺在床上，要多回顾。

六是多实践。实践才是硬道理，实践出真知，绝不做"语言的巨人，行动的矮子"。所有的哲理，都源于与孩子在一起的快乐和汗水的积淀。

总之，淡淡地生活，静静地思考，执着地进取，是我们认识自我、把握自我，获得智慧、增加几分哲学素养的最好生活方式。

裴斯泰洛齐

做一个有一定理论功底的园长

一谈理论，我们有的园长就头痛，有抵触情绪。有的说，在中学时期，最不喜欢上的就是政治课；有的说，在幼儿园里，教师最不喜欢听的就是讲政治理论，讲艰深晦涩的教育理论；有的说，在朋友之间沟通交流，朋友也最讨厌你讲宏观的大道理，等等。也正因为我们不少园长有这样的重布置工作、轻思想发动引导，重术轻道的思维方式，我们有的幼儿园才生存得比较艰难，老师也比较辛苦，幼儿园走不出一年又一年，周而复始、没有生机的怪圈。也正因为这样，中国 20 万所幼儿园又有几个有影响力的大品牌？又有几个真正称得上教育家的园长？如果说，中国的幼儿园正面临着重新洗牌、转型升级的大形势，那么洗牌、转型、升级背后的秘密就是看谁掌握了理论。什么是理论？就是唯物主义理论，政治理论，教育改革理论,市场经济理论,早教发展理论,儿童教育理论,人性理论,等等。理论就是武器,就是战胜对手的匕首,就是"会当凌绝顶,一览众山小"的高屋建瓴、势如破竹的气势,就是激发我们内在能量的心灵鸡汤,就是实现我们天人合一的晨钟暮鼓,更是我们幼儿园突围、整编、转型、升级的唯一救命稻草。

恩格斯说:"**一个民族想站在科学的最高峰,就一刻也不能没有理论思维。**"

我们也可以这样说,中国早教要想跻身于世界早教之林,就一刻也不能没有理论思维。

我们更可以这样说,中国的幼儿园园长要想成为教育家,要想使自己的幼儿园一枝独秀可持续发展,就一刻也不能没有理论思维。

事实上,谈起理论,它不是老虎,没那么可怕,也没那么复杂。所谓理论,通俗地讲就是把你所知道的道理讲出来。如果一个园长在日常管理中,只知道给老师布置具体工作,长期处于只"做事"的层面,只见树木,不见森林,这个幼儿园是没有希望的,这个园长也是很难成长起来的。

记得有一次,我参加在广州举办的幼博会,听了一场报告。讲课的老师,大约是四十几岁的女园长,台下有一百多个同行。讲课的老师在台上讲了一个多小时,全部是自己在教育教学过程中的一些具体做法,没有提炼,没有概括,没有浓缩,哩哩啰啰,天上地下。有的听得迷迷糊糊,不知所云;有的感觉无从下手,不知道为什么要这样做。我不否认讲具体如何落地的措施的重要性,但我更关注的是作为一个园长,你是否真的拥有从具体到抽象、从感性到理性的高度概括能力。显然，这个园长是低层次的，她还处于讲事、做事的层面。这个幼儿园的发展前景是令人担忧的，这个讲座我认为也是质量不高的。授人以鱼不如授人以渔，它的哲理，我们要牢牢记住。

做一个有一定理论功底的园长，我建议从以下六个方面努力。

一是要了解一些辩证唯物主义理论。

作为一个园长，我们的使命是传道、授业、解惑。传道传的是唯物主义之道，传的是正确的世界观、人生观、价值观，而不是唯心主义，不是歪门邪说。辩证唯物主义告诉我们，世界是物质的，物质是运动的，运动是有规律的。事物是充满矛盾的，是对立统一的关系。我们在日常的幼儿园管理中，对一个新教师的成长，对一个多动症孩子的教育，对我们面临的棘手外在的公共关系矛盾，对幼儿园未来的把握等等，要学会运用辩证唯物主义思想。事物是运动的、发展的，我们要用发展的眼光分析它、把握它；面对困难问题，既不能盲目悲观，万念俱灰，也不能盲目乐观，飘飘然；一阴一阳为之道，要从主观、客观两个方面分析，既不能全面否定，也不能没有原则地肯定。在看不清方向、找不到处理方法的时候，停下脚步，以静制动，以逸待劳，也是最好的选择。有了辩证唯物主义这把利器，我们的大脑变得更加理性和富有智慧，看问题不再是只见树木，不见森林，只知其一，不知其里，只知现在，不知未来。

二是要学习一些社会主义核心价值观思想。

中国的经济学是政治经济学，不是市场经济学；一个不懂政治的园长，是很难把幼儿园做强做大的。一个不谙经济基础决定上层建筑之深奥道理的园长，其职业生涯不是光明的。一个不知道、不了解、不与社会主义核心价值观保持一致的园长，其教育思想、管理理念是极其有问题、十分危险的，幼儿园很难说有未来，教师的职业素养将会有很大问题。"富强、民主、文明、和谐、自由、平等、公正、法制、爱国、敬业、诚信、友善"。我们园长的"道"，我们园长的世界观、人生观、价值观，都要统一到这24个字上来，这是引领中国未来发展的核心价值思想。

三是学习掌握一些儿童教育理论。

为儿童教育者办幼儿园，中国的幼儿教育才有希望。而成为一个儿童教育家的重要条件之一就是掌握儿童教育理论，就要学习一些古今中外的儿童教育经典图书，就要对幼儿生理学、解剖学、心理学、教育学等方面深入学习、研究、探索、熟稔，并灵活运用，去指导我们的日常教育教学，去观察儿童的心灵世界，去引导儿童塑造健全的人格，去把握幼儿园的办园理念和确立幼儿园的办园特色，去寻求个性化的办园策略。要在幼儿园里掀起学习幼教理论的高潮，激发和调动教师们乃至家长学习幼教理论的积极性和能动性，建立多种形式的奖励制度，提升教师们的理论素养。缺乏理论培训，理论素养薄弱，这是教师们也是我们园长的通病。对此，我们要提高认识，幼儿园的核心竞争力就是教师，而教师的核心竞争力就是幼教理论素养。如果说文化气质是幼儿园之灵，那么教师的理论素养是幼儿园之魂。谁拥有了高理论素质的教师，谁的幼儿园就有前途。

四是学习掌握一些教学理论。

教学工作是幼儿园的核心工作。园长虽然事务繁多，但是也不要忽视日常的教学工作，也要坚持一周能听两节课，一个月能上一次下水课。教育家是在课堂上产生的，教育家的生命在课堂上。作为园长还要多参加一线的教研活动，观察分析老师们关注的问题，并带领老师们学习研究备课、上课、说课、课后反思，形成研究型、学习型组织。一个园长不能把教学工作全放给教务主任就万事大吉，在落实园长教育理念的课程架构的把握，课程特色确立，教学目标定向，教学重点、难点把握，教学过程设计，教学课后总结，幼儿个性化、人性化成长记录等方面，也要全面学习把握。因此，园长单纯学习教育理论是不够的，还要学习研究将这一理论落地的教学理论。一个不懂教学的园长，是没有威信的园长，也是很难成为教育家的园长。

五是深入学习一些管理理论。

有人说，幼儿园有什么，还不好管？只要把孩子看好不出问题就行了。其实不然，说这话的都是外行，都是只知表面、不知内在的人。有的人投资幼儿园时踌躇满志，一旦做常规工作，就傻了眼，太复杂了。的确，幼儿园工作真是千头万绪，有时真的剪不断，理还乱。从安全保卫、教育教学到财务管理、队伍建设，从行政后勤、卫生保健到师资培训、人事管理，从信息服务、招生工作到公共关系、品牌建设等等，哪项工作都不能放下，都不能没有园长的身影。尤其是孩子的安全管理，更是令园长天天如临深渊，如履薄冰，天天踩着钢丝跳舞，怀抱着小兔睡觉。什么时候最后一个孩子平安到了家，一天才能喘口气。园长最怕的就是在外面出差，接到园里的电话，恨不得扎上翅膀马上飞回幼儿园。中国 20 万个幼儿园园长，80% 都是 70、80 后年轻园长，这的确是让人感动的一个群体，让全社会敬仰的一个群体。愈是面临如此复杂繁重的工作，我们的园长也就愈要学习管理理论，用先进科学的管理理念化解、整合各项工作。我建议，园长多看一些世界500强企业管理经典书籍，再忙每半年也要走出去，听一些非幼教领域管理类课程，有条件的去读一下EMBA或EDP课程，也是非常有效的。但更重要的是要学会发现问题、分析问题、解决问题的方法和规律，学会合并、分类、归纳、整理，学会6S管理法，提高领导艺术。园长管理的核心工作就是两个，一手"抓钱"，一手"抓人"。园长管理的工具也是两个，一把"扇子"，一把"望远镜"。园长在日常工作中，要善于反思、总结，日久天长，也就逐渐形成了自己的管理风格。

六是学习一些处世理论。

我们的园长多数是女性，大多又很年轻，在处世方面有时显得太感性，太过于简单，又太过于固执，致使简单的工作复杂化，付出了不少代价。这应引起我们的重视。

其实，处世是没有什么高深理论的，有也是什么厚黑之学。大家知道，处处关心皆学问，人情练达即文章。只要做一个真实善良的人，天道酬勤，苦心人，天不负。

不过，我们也应该学习一些处世哲学，让我们面对日常的生活与管理变得更有智慧，让我们生活得更快乐，更轻松，更有价值，更幸福。

做一个有文化品味的园长

记得我有一次参观一所幼儿园，给我留下比较深刻的印象。一进大厅，30岁左右的女园长高兴地迎了出来，她的头发染成了酒红色，身上穿着一件带毛领的双排扣棕色皮衣，脚上穿着一双黑色的皮靴。当时，我心想这所幼儿园恐怕问题不少，进了大厅发现一个阴暗角落里设计了一个娃娃家，为了省电，电灯也没打开。走进教室，室内主题墙上用大红颜色与翠绿色搭配的花边图示，映入我的眼帘。这时，耳边传来程琳《小螺号》的歌声……Oh, My God。

我没有夸张，这是2014年12月发生的故事。正因为这样，我终生难忘。每每想起此景，我就为中国20万所幼儿园的发展忧虑。每每想起此景，我就联想起日本皇太子妃小和田雅子与皇太子德仁陪同小公主爱子参加幼儿园入园时，小公主身穿深蓝色正装，头戴深蓝色礼帽，手提深蓝色书包的情景。每每想起此景，不得不令我感慨，中国的幼儿园发展路漫漫兮，中国的小宝宝太需要关爱了，中国幼儿园园长的综合素养太需要提升了，中国幼儿园园长的文化修养、文化品位、文化感觉、文化表达、文化追求太需要引导、培养和历练了。

什么是文化品位？文就是一种人格，一种思想，一种智慧，一种精神，一种追求；化就是一个过程，一种融合，一种认同，一种趋向；品就是用视、听、嗅、味、触去感知，触摸；位就是找准、摸清和把握你的文化所处的高、中、低的方位。

从内在结构上看，文化品位主要由日常生活品位、艺术审美品位和价值理解品位三方面构成。日常生活品位具体表现在衣、食、住、行和休闲娱乐等方面。艺术审美品位主要表现在艺术审美的趣味、眼光、格调、境界等方面。价值理解品位则贯穿于人全方位的精神活动，主要表现为一种心智对于人生、社会、自然、历史、现实和自我之价值的理解和判断。我们可以在一个人待人接物、谈吐举止、生活方式、观点见解、气质修养、道德操守、精神寄托、理想信仰等方面的表现，来考察其价值理解品位。

大家知道，幼儿园与幼儿园之间的竞争，表层的是办园质量、课程特色的竞争，中层的是抢夺人才的竞争，而深层的则是文化的竞争。历史经验告诉我们，园长有什么样的文化品位就办出什么样的幼儿园，就培养出什么样的教师，而什么样的教师就能培养出什么样的孩子。

做一个有文化品位的园长，应怎么努力呢？我有十个建议。

一是广泛涉猎图书。腹有诗书气自华，既要读教育理论、哲学经典，又要读古典文学，尤其是长篇小说；既要读诗歌、散文等快餐文学，又要读认为没用的生活百科，要广泛涉猎。读的多了，身上的细胞就发生变化了，就会散发出一种书香的气质了，成为书女也就成为淑女了。

二是家里、办公室、幼儿园班级里、大厅里都要陈放书柜，营造书香氛围。要处处有书，眼睛所及之处皆有书，与其说是幼儿园不如说是图书馆，是书院。一个没有上万册图书的幼儿园，很难说是一个有文化品位的幼儿园；一个办公室没有书柜的园长，也根本不配称为一个有文化品位的园长。

三是在幼儿园里大力开展绘本阅读课。让孩子们徜徉在书的海洋，多开展一些绘本日记、周记活动，引导家长与孩子每天亲子阅读五分钟。若把阅读作为幼儿园的办园特色，则更彰显了这所幼儿园的文化力量。

四是园长的外在形象要有点品位。陶行知指出："校长是一个学校的灵魂。"园长是幼儿园的灵魂，园长的外在形象就是幼儿园的象征和名片。园长的穿着与言行举止要与身份匹配，既不能过于时尚前卫，也不能老气横秋，没有活力。园长的形象就是优雅、端庄、慧中、温润、知性。但是园长最美的形象、最美的文化标志就是八颗牙齿的微笑，还有微笑背后的绵里藏针的内心刚强，以及深厚的人文修养。

五是有一个生活方面的爱好。琴、棋、书、画、诗、酒、花、茶，人生八大雅，寻求一个与天地对话，与心灵诉说，与风花长谈，与雪夜沉思。

六是学点基本的艺术知识，了解一下色彩的搭配。定位一下自己的穿着风格，确定一下幼儿园的视觉识别和行为识别，多看一些书画展览，提高自己的审美情趣和鉴赏能力。

七是学习一些国学知识，了解一些儒、释、道思想的精髓部分，并把这些思想运用到幼儿园的日常管理中。顾明远先生曾说：中国教育家尤其需要两方面的根基，一是中国文化的根，一是国际视野的根。园长文化品位的根就是园长对5000年中华传统文化的学习与吸收，文化品位更多的是指对传统文化的浸染与积淀。一个幼儿园园长没有国学文化作支撑，很难称之为有品位的园长。

八是多交一些有文化品位的朋友。物以类聚，人以群分。人的生命是有限的，园长的工作十分繁重，自由支配的时间少，更要在这方面注意，凡是负能量的人一概不交往。与优秀的人在一起，你会变得更加优秀；与有文化品位、有文化追求的人在一起，你会变得更有气质、更有品位。

九是自己要有一个比较坚定的信仰。今天的社会是一个滥情、浮躁的社会。人们什么都不信，只相信自己，以自我为中心。历史告诉我们，没有信仰的社会是十分危险的社会。作为一个园长，我们要有信仰的追求，可以信马列主义、辩证唯物主义，也可以信耶稣基督；可以信孔孟之道，也可以信释迦牟尼；可以信庄子老子，也可以信穆罕默德。但是，一定不能信歪教邪说。有了信仰，我们的生活就有了力量，有了智慧。

十是要让幼儿园有文化味道。幼儿园除了处处弥漫着书香外，还要在教师、门卫、保洁、服装、礼仪方面下功夫。一滴水折射出太阳的光辉，一个门卫折射出幼儿园的文化品位。幼儿园的公示栏、宣传栏、主题墙、走廊、大厅、张贴画、手工、摆件、挂饰、灯光、音响等方面都流淌着园长的文化思想，都是用心用爱编制的、为孩子提供的文化符号，散发着园长的文化味道。

总之，园长文化品位有了味道，老师们就有了味道，孩子们就有了味道，花、草、树、木就有了味道，幼儿园就办得有了味道。

做一个优秀的男园长

让全社会关注幼儿园，让中国优秀的男人走进幼儿园，让中国的孩子健康、快乐、均衡地成长。这是我多年来内心的呼唤，也是我多次在幼教论坛上的呐喊。虽然呐喊显得是那样势单力薄，没有一丝涟漪，虽然内心呼唤了几十年，是那样的孤独，没有一丝回应，可我还是要固执地站在寂寞的山头呼唤。中国幼儿园太需要男教师了，中国的幼儿园太需要男园长了，中国的优秀男人走进幼儿园吧！中国的优秀男人来幼儿园当园长吧！

有人说，改革开放 30 多年以来，中国最失败的是教育，中国教育最失败的是高考制度，而我认为改革开放 30 多年来，中国教育最失败的是学前教育。进入了 21 世纪第二个十年中期的中国学前教育入园率仅为 67.5%，而在 2012 年俄罗斯、巴西、南非的学前教育入园率达到 92.8%，远远高于中国。教育部主要领导指出："今后要进一步提高入园率，为增强国家未来竞争力奠定坚实的基础。"

中国学前教育最失败的是什么？一个 13 亿民族的泱泱大国，5000 年华夏文明的炎黄子孙，在 21 世纪的今天，全国 20 万所幼儿园，近 500 多万幼儿教师中，男幼儿教师不足 5 万人，男幼儿园园长更是寥若辰星，屈指可数，不足千人。这是中国学前教育的悲哀，也是中国教育的悲哀，更是中国的悲哀。无怪乎 30 多年来中国的教育出了问题，不是中国高考制度出了问题，是中国幼儿教育出了问题。在这个教育功利的时代，改革开放 30 多年来，又有谁真正关心中国最基础的基础教育，光抱怨中国培养不出杰出的科学家，拍不出获奥斯卡大奖的电影，又有什么用呢？又有谁关注过德国、日本二战后天翻地覆变化背后的真正秘密呢？大家知道，基础不牢，地动山摇。幼儿教育不牢，地不动、山不摇，那就怪了。

如果说幼儿园是被爱遗忘的角落，那幼儿园的男教师、男园长更是成了漂泊的孤儿。好在这个孤儿的灵魂是高尚的、伟大的、坚定的，没有因为社会的遗忘、冷嘲、世俗的斜视、热讽而放弃。也正是有了这种精神，这种坚信幼儿兴则中国兴，幼儿强则中国强的精神，一路上坎坎坷坷、栉风沐雨，含着委屈甚至屈辱的泪水走到了今天。让我们惊喜地看到的是，中国几千万个孩子中还有男教师的身影，20 万所幼儿园中还飘扬着男园长的旗帜。

幼儿园男教师、男园长，这是一个非常值得敬仰的群体，这是我们男人的骄傲，这是中国孩子的幸运，也是中国男人的榜样。我常想，如果表彰中国教师，首先应该表彰中国幼儿男教师、男园长。

创办世界第一所幼儿园的福禄贝尔是男人，创办中国第一个幼儿园的陈鹤琴是男人，创办第一个乡村幼儿园和幼儿师范学校的陶行知是男人，协助陈鹤琴开办第一所幼儿园的教师张宗麟是男人，中国若没有陶行知、陈鹤琴、张宗麟，中国的幼教史还不知从何开始。

我不是男权主义者，但我们不能否认，男教师、男园长在中国幼儿园中虽然为数不多，但其重量也称得上中国幼教的"半壁江山"。虽然改革开放37年以来，中国的幼教领域涌现出了一些大学校园的幼儿教育学专家、幼教大师，但真正称得上像陈鹤琴一样的大教育家的还没诞生。我们知道，陈鹤琴之所以成为大教育家，是因为他的一生都献给了孩子，献给了幼儿教育。中国的幼教大师、大教育家只能在幼儿课堂上产生，在幼儿园里诞生。因此，我们热切盼望着，我们20万个幼儿园园长里面，早点出现引领中国早教的陶行知、陈鹤琴式大教育家。我们更热切盼望，我们深耕在幼儿园的男教师、男园长能够高高擎着幼教改革的大旗，追随着陶行知、陈鹤琴的脚步，成为引领和开创中国幼教新局面，并带领中国幼教在世界幼教舞台上发出自己独特的声音。

令我们欣喜的是，在今年的全国两会期间，全国人大代表、江苏省教育厅厅长沈健表示，到2020年，江苏5000多所幼儿园每所幼儿园至少有一名男教师。男教师多了，男园长也就多了，中国的幼儿教育也就有希望了。

做一个真正把"以儿童为本位"作为信仰的园长

最近，我看了两本书和一篇文章：一本书是王开岭先生的《精神明亮的人》，另一本书是刘晓东先生的《解放儿童》，一篇文章是薛涌先生的《中国需要一场童年革命》。这三位都是与我同时代的现代作家、哲学家、学者。不看他们三位的文章，我的心或许还能宁静一点。自从看了这三位的文章，整日以忙碌为借口麻木的心，一下子沸腾起来、激动起来，尤其在夜深人静时，躺在床上闭上双眼，想起这三位大家对人性回归的呐喊，对捍卫童年的呼唤，对中国未来的期盼，就如三把利剑穿透心脾，就如狂涛巨浪撞击胸腔，让我汹涌痛楚，让我焦虑不安，让我羞愧脸红。作为一个幼儿教育工作者，真的为此冒汗，甚至无地自容。我们的双手扼杀了多少个天使般笑容、花朵般温情孩子的伟大童年，为了我们的虚荣，扭曲了多少孩子的灵魂。我们自以为了解孩子、懂得孩子，可是我们的装修设计还在追求过度的奢华，我们的课程设计还在关注知识技能的灌输，我们的课堂教学还在把孩子们关在不足 100 平方米的笼子里。我们整天高喊着以儿童为中心，解放孩子，让孩子回到大自然里的口号和所谓的理念，又真正落实得怎么样呢？我们的教师又有多少个真正走进孩子的内心世界，成为孩子的好伙伴呢？又有几个教师能够真正做到趴下来、跪下来上课，蹲下来与孩子说话呢？我们给孩子投放的教具，设计的区角、娃娃家，又有多少孩子真正地喜欢？我们的孩子会爬树吗？会点燃篝火吗？住过帐篷吗？会炒菜做饭吗？……我是园长，我感到汗颜惭愧；我是教师，我感到脸红难当；我是投资人，我感到我们成人世界对儿童犯下的罪过太多太多。就如王开岭先生所讲，鱼缸对鱼的罪过，马戏团对动物的罪过一样。

泰戈尔说："诗人把最伟大的童年时代，献给了世界。"

王开岭先生说："孩子把他最美好的童真，献给了成人社会。"

卢梭在《爱弥儿》中说："必须把人当作人来看待，把儿童当儿童看待，对儿童进行教育必须遵循儿童的自然天性。"

薛涌先生说："所谓童年本位，是通过给孩子最大限度的自由来调动其身的潜力，把他们从课堂上解放出来，追寻着内心的渴求，大胆地任意地探求世界。"

蒙台梭利说："父母不要试图当自己孩子的老师，而要当他们的伙伴，满足他们的需要，为他们提供自然生长的环境。"

刘晓东先生也振臂高呼："儿童身上有人的天性资源，人的天性资源遭受抑制、破坏和浪费，是最大的暴殄天物，是个人、民族、国家、人类最宝贵的天性资源的浪费。"他还说，对于许多民族来说，儿童的天性没有得到尊重和保护，是民族难以昌盛的根源。

是啊，无论是诗人、作家，还是哲学家、教育家，都在以人类生命存在的高度、民族复苏的高度唤醒着今天的成人社会，唤醒着承担儿童教育使命的教育工作者们，唤醒着浩瀚宇宙，告诉这个世界，我们应该向儿童学习，真心、童心、初心是最根本的概念，是万物的本源，儿童应充分享受大自然赋予的童年生活。教育不应为儿童未来而牺牲儿童现在，不能从未来的角度提早设计儿童的当下生活，把世界还给孩子，把孩子还给世界。

作为一个父亲，我要检讨。孩子小时候受的委屈太多太多了，我是一个不称职的父亲。感觉身体重要，让他学乒乓球；感觉培养艺术气质重要，让他学钢琴、书法、舞蹈、长笛；感觉外语重要，就要让他上疯狂英语班。孩子放学后的时间、周六日的时间、寒暑假的时间，除了写完作业就是在这座城市各个角落里穿梭、奔跑。孩子哭也要学，闹也要学，发烧感冒了也要学。如果孩子少上一节培训课，就像失去什么，就这样风雨无阻地走过了3岁、4岁、5岁，直至初中毕业。孩子大了，到该上高中选择人生的时候了，我还想固执地让他往经济金融方面发展，于是孩子最终以离家出走捍卫了他的命运选择。尽管现在他考上了心仪已久的大学，但是，孩子的童年在哪里？孩子的风筝呢？蚯蚓呢？蝴蝶呢？萤火虫呢？蒲公英呢？蚕蛹呢？泥巴呢？沙呢？树呢？孩子的童年几乎一夜之间消逝了，一下子长成大人了。有一次我想抱他的时候，一下子发现他已经快一米七，连拥抱他的机会都成了奢望。正如王开岭先生所讲，孩子把他最美好的童真没有留给自己，几乎全部献给了我和他妈妈。每每想至此，再想想耳畔卢梭、福禄贝尔、杜威、马拉古奇的声音，再想想鲁迅《我们现在怎样做父亲》，剩下的不仅仅是老泪，更是心的忏悔。多少次鼓起勇气在孩子面前，恳求孩子饶恕爸爸对他儿时的罪过。唉，悔之晚矣，孩子永远不可能再有第二个童年了。

所以，在我的幼儿园，我坚决反对让孩子固守在教室里，蜷缩在一个角落里，坚决反对教师所谓的三教一保，坚决反对教师站着上课，坚决反对教师上课讲话滔滔不绝，坚决反对幼儿园教室与教室之间有隔断，坚决反对做操还要分班与班，坚决反对教具都是购买的成品，坚决反对每周不能外出亲近自然一次，坚决反对幼儿园没有水、泥、沙、土、木和涂鸦墙，坚决反对老师们分科教学，坚决反对孩子学习珠算、逻辑狗、上学前班，坚决反对孩子刻意背诵任何所谓的记忆知识，坚决反对任何"小大人"似的儿童秀比赛，当然更反对家长给孩子报任何形式的违背孩子教育规律的各类培训班。

看看今天遍布于中国各个城市、大街小巷风生水起的各类培训班，看看每到周末爸爸妈妈们为孩子穿梭于大街小巷的身影，看看今天的孩子每天都是置身于钢筋加水泥的几十平方米的课堂，再看看今天北京天空的雾霾，分明是中国的教育之霾。今日之中国教育之乱象，倘若被倡导"生活即教育"的中国早教鼻祖陶行知老先生在另一个世界里知道，情何以堪。在这浮躁而媚俗的商业社会里，被誉为"太阳底下最高尚的我们"真的要牺牲儿童现在必须去媚俗吗？

我们怎么对得起我们的幼教始祖陶行知、陈鹤琴，怎么对得起一个个似九寨沟之水一样清澈澄明的儿童灵魂？

我们知道，世界上第一所幼儿园是福禄贝尔幼儿园，福禄贝尔认为孩子就应该生活在花园里，所以幼儿园叫 Kindergarten（直译为孩子们的花园）。琳琅满目、各式各样的积木是人类第一所幼儿园孩子们的全部世界，是"孩子们的自由共和国"。今天的我们或许早就忘却了福禄贝尔送给我们这份"礼物"的真正内涵是什么了。

我们知道，马拉古奇的瑞吉欧幼儿园，孩子是由一百种组成的，孩子有一百种语言，一百双手，一百个想法，一百种思考、游戏、说话的方式。一百种，就是一百种倾听、惊奇和爱的方式，一百种歌唱与了解的喜悦。一百种世界，等着孩子们去发掘；一百种世界，等着孩子们去创造；一百种世界，等着孩子们去梦想。

我们知道，鲁道夫·施泰纳的华德福课堂关注儿童的外部世界，更关注儿童的心和灵的世界。亲近自然，走进自然，自然界的材料和吸引过来的精灵带来的讯息都会滋养着孩子。

我们也十分熟悉德国的森林幼儿园。德国大约有 700 家森林幼儿园，无论是阳光灿烂，还是细雨蒙蒙，森林幼儿园的小朋友都会向森林进发，在那里唱歌、嬉戏、爬树、搭帐篷、下水玩、找昆虫，自己动手用树枝、沙子和石头搭模型。他们没有教材，没有课堂设计，没有围墙和屋顶，森林和草地是孩子们学习和生活的场所。森林幼儿园以生态教育为目的，培养孩子热爱自然、让其自由地发展。

多么自然的环境，多么美好快乐的童年，多么自由想象的空间，多么对儿童生命尊严的尊重与呵护，多么值得我们学习和憧憬。这样的环境和理念，真的离中国、离我们很远吗？

我们还记得，被誉为儿童文学家之父的德国作家凯斯特纳在《开学致辞》中的演说吗？

"这个忠告你们要像记住古老纪念碑上的格言那样，印入脑海，嵌入心坎：那就是不要忘怀你们的童年！只有长大成人保持童心的人，才是真正的人……假若老是装作知晓一切的人，我们要宽恕他，但不要相信他。假如他承认自己的缺陷，那你们要爱戴他……不要完全相信你们的教科书，这些书是从旧书里抄来的，旧的又是从老的那里抄来的，老的又是从更老的那里抄来的……"

凯斯特纳最后一句话告诉家长和孩子们："现在想回家了吧，亲爱的小朋友？那就回家去吧！假如你们还有一些东西不明白，请问问你们的父母。亲爱的家长们，如果你们有什么不明白的，请问你们的孩子们。"

让我们记住凯斯特纳的话吧，有什么不明白的，去问问我们的孩子吧，幼儿园有什么不明白的，去问问我们的小朋友们吧。

做一个有几分国学素养的园长

在 20 世纪初，曾写过《中国的宗教：儒教与道教》一书，并发出"资本主义为什么没在中国发生"重要思考的德国哲学家马克斯·韦伯曾说："一个国家之所以落后，往往不是由于其民众落后，而在于其精英落后。"当我读到韦伯的这句话时，我深深地陷入思考。陶行知、陈鹤琴之后的半个多世纪，中国为什么没出现影响和推动中国学前教育事业发展的当代大儿童教育家？我认为，中国幼儿教育事业的落后，不是由于中国幼儿园的落后，而是中国幼儿教育大家的落后；中国幼儿园的落后，不是中国幼儿教师的落后，而是中国幼儿园园长的落后。

落后就要挨打，落后就要被历史无情地抛弃。这是历史发展的规律，也是我们的幼儿园生存之规律。

今天，幼儿园每天都在上演着抢夺孩子的战争。有的幼儿园做得可以说是风生水起，排队也要排两到三年，有的幼儿园则是门庭冷落车马稀，生存十分艰难，眼巴巴地望着人家，但不知自己落后的根源之所在。

幼儿园落后的根源在哪里呢？是装修设计不时尚？是教师团队不稳定？是课程体系不健全？是食堂服务不科学？是环境创设无理念？这些都不是根本原因，只是其表，不是其里。

幼儿园落后的根源就在园长那里。园长落后的根源就在园长的心理，园长心理落后的根源就在园长的心脏是否真的还在跳动，跳动的心是否真的有情、有智、有慧。归根结底，幼儿园是否落后就在于园长的心智是否成熟。谁能给园长开启心智之门，让园长充满霸气、灵气、大气、运气？谁能给幼儿园指点迷津，让幼儿园充满人气、文气、骨气、福气？

道可道，非常道；名可名，非常名。园长之道非常道，园长之名非常名。幼儿园之道非常道，幼儿园之名非常名。

1988 年，75 位诺贝尔奖得主向全世界呼吁：人类要生存下去，就必须回到 25 个世纪之前，去汲取孔子的智慧。

人类尚且如此，中国也是如此，中国幼儿园发展更是如此。作为沧海一粟的我们还有什么徘徊与迷茫的呢？

孔子，万世师表，我们教师的老祖宗，斯文在兹。乾隆皇帝在曲阜大成殿的题词，穿越四百年的时光隧道，依然闪耀着历史的光芒："气备四时，与天地日月鬼神合其德；教垂万世，继尧舜禹汤文武作之师。"

人类找到了答案，中国也找到了方向。

习近平总书记也多次指出，中华优秀传统文化，"**其智慧光芒穿透历史，思想价值跨越时空**"。

2014年4月1日，在中国发生了一个伟大的标志性事件。这件事情的发生，将即将丢失的中华5000年文明的火种找了回来，撒向了960万平方公里，撒向了人类世界；同时，也为人类21世纪、22世纪的和平与发展播下了希望的种子。

在这一天，中国教育部发布了《完善中华优秀传统文化教育指导纲要》。要求把中华优秀传统文化教育融入学校课程和教材体系，有序推进中华优秀传统文化教育。同时，增加中华优秀传统文化内容在中考、高考中的比重。2016年的高考语文，将由过去的150分调整到200分，多出的50分，就是中华优秀传统文化所占的比重。

从"一阴一阳谓之道"的群经之首、诸子百家之源的《周易》到"上善若水"的老子5000字《道德经》和"天人合一，清静无为"的庄子《逍遥游》，从"修身、齐家、治国、平天下"的孔子《论语》到"诸佛之智母，菩萨之慧父，众圣之所依"的《金刚经》，从诗经楚辞到唐诗宋词，从琴棋书画到礼乐射御，从孝悌忠信到礼义廉耻，有着5000年历史文化的中国以自己独特的文明滋养着今天的我们，温润着我们的心灵，呼唤着我们躁动的心回归。

中华文明源远流长，中华国学博大精深。我们吸吮着千年智慧的文化养分，开启了我们的心，不仅找回了自己，而且找到了教育之根，悟到了教育智慧。

不学习国学，我们真的不知道陶行知老先生所讲的"行是知之始，知是行之成"背后真正的教育思想。不学习国学，我们真的不知道中国的儿童教育理论在 500 年前就已经十分成熟和先进，要比卢梭的"童年本位"理论早 200 多年。不学习国学，我们真的不知道，怎样打造一个具有中国特色世界影响力的幼儿园。在北京通州有一个海子公园，这个地方距我的一所幼儿园三公里左右，公园里有一块墓碑，被列为北京市重点文物保护单位，这是明末杰出的思想家李贽的墓碑。作为幼教工作者，我们应该了解和记住这个伟大的名字。如果没有他，中国的儿童教育理论就不会在世界儿童教育史上领先，就不会有中国的一席之地，我们就只有对卢梭和裴斯泰洛齐五体投地似的崇拜。如果没有他，我们对今天的鲁道夫·史泰纳的华德福幼儿园的教育理念理解得就会十分浅薄。

　　今天的我们，尤其是今天的幼儿教育工作者，对他的学习、研究及传播远远不够。今天，他躺在北京通州的一个公园内是那样的悲怆和孤独。我很骄傲的是，他在公元 1600 年前后两次去过我的家乡，在山东济宁他做出了另一件伟大的事情：他编纂了《王阳明先生道学抄》及《阳明先生年谱》。也可以从某个程度来讲，如果没有王阳明泰州学派的弟子李贽的编纂与传播，王阳明的"心说"传播，恐怕还要推迟一个时期，影响不会这样深远。

　　我们不应该忘记这个以自杀捍卫生命尊严的大思想家李贽，我们每一个幼儿教育工作者都应该会背诵李贽的不朽名篇《童心说》。李贽认为：真心、童心是最根本的概念，是万物的本源。童心、初心，最初一念之本心。若失却童心，便失却真心；失却真心，便失却真人。

人而非真，全不复有初矣。儿童是人生的开始，童心是心灵的本源，童心是最纯洁的、未受任何污染的，因而也是最完美的、最具一切美好可能性的。李贽的教育思想洋溢着自由主义教育，反对封建教育的桎梏，散发着追求个性自由和解放的精神。这是多么伟大的儿童教育理论，一点也不逊色于卢梭的《爱弥儿》。中国儿童教育史应引以为豪，我们幼儿教育工作者应该常念，常说，常做。如果今天我们的幼儿园里一草一木、一砖一瓦、一枝一叶都散发着"童心说"的真性之情，幼儿园还怕生存吗？如果今天我们园长的内心世界始终拥有着这颗清澈的至纯、至爱、至善、至性的初心，我们的魅力风采不就照人了吗？

当然，我们学习李贽，更应该向他的老师王阳明学习。如果不学习王阳明，陶行知就不是陶行知，陶行知办的第一所幼儿园就不会选在乡村，陶行知也不会提出"生活即教育，社会即学校，教学做合一"的伟大教育思想。可以说，王阳明的心说深深影响和推动着500年后中国学前教育的发展。

王阳明十分重视儿童教育，他从"致良知"的要求出发，认为儿童时期"良知"保存最多，受蒙蔽最少。教育应从儿童时期开始，教育应顺应性情，激发兴趣。王阳明认为，儿童的性情总是喜欢嬉游，而怕拘束与禁锢，就像草木刚刚萌芽，顺应它就会发展，摧残它就会衰退。

当代著名学者、现代新儒家学派的代表杜威明先生认为：王阳明继承和发扬光大了中国儒学特有的人文精神，他提出"仁者要以天地万物为一体"就是要创造人与自然的和谐，他提出"知行合一"

就是要创造人与社会的和谐，他提出"致良知"就是要创造人与自身的和谐。

我们每天在幼儿园和家庭之间穿梭、奔波，一年 365 天，匆匆而过，即使在春节难得休息几天，也要心里装着没回家过年的教师和孩子。我们的心什么时候能返璞归真，复归于婴儿状态呢？什么时候能与天地万物为一体，理解"吾心即宇宙，宇宙即吾心"天人合一的境界呢？

我们每天忙忙碌碌，常常为会议精神得不到有效落实而苦闷，殊不知"知中有行，行中有知"，"知行合一，内外合一"的真正内涵到底是什么。

我们有时为幼儿园的现状忧虑，为幼儿园的前景不安，为自己的烦躁找不出原因而恍惚，其实我们走得很远，忙得很累，心已经丢了，忘了王阳明的"致良知"心与物的关系了。

读一读王阳明，看一看李贽，研究一下陶行知与陈鹤琴，再分析一下福禄贝尔、蒙台梭利、杜威与瑞吉欧、华德福，作为幼儿教育工作者，我们不难发现，中国儿童教育理论是超前的，而中国的儿童教育实践是落后的，尤其是完全以"儿童为中心"的"知行合一"的教育实践是苍白无力的。我们的幼儿园里有五彩缤纷、取之不尽的不同形体的积木吗？有水、泥、沙、土、木吗？有花、画、树木、昆虫吗？有伸手可触的飞到小朋友脚边、吃小朋友手中之食的白色鸽子吗？有风中的呼喊、雨中的奔跑吗？有木锯、铁锤、铁钉、墨盒吗？有螺丝刀、钳子、扳手吗？有小羊、小鸡、小鱼、小兔子吗？有菜刀、菜板、筷子、炒菜锅吗？有小朋友在一起包五颜六色的水饺、做五颜六色的面条的快乐吗？去过教堂、杏坛、寺庙、道观吗？……

而这些在中国 5000 年的传统文化大河中能找到，在孔子、孟子、朱熹、王阳明、李贽的著作中能找到，在离骚、汉赋、唐诗、宋词、元曲中能找到，在琴、棋、书、画、诗、酒、花、茶中能找到……

有人说，你能看到多远的过去，就能看到多远的未来。

作为幼儿园园长，看点国学，涵养底蕴，增加底气与内涵，塑造心灵的秩序与宁静，做儒家说的君子，做道家说的真人，做佛家说的菩萨，做真正的自己，做真正属于自己的幼儿园，是人生的一大幸事、一大快乐。

梭罗

做一个有几分美学素养的园长

如果说教师是人类灵魂的工程师，那么幼儿教师就是人类幼儿灵魂的工程师，幼儿园园长就是人类幼儿灵魂工程师的工程师。小宝宝从妈妈神秘深邃的世界里走了出来，眼睛澄明如水，身体纯净如雪，灵魂高贵如荷，在我们面前一尘不染，淋漓尽致地、毫无保留地将他的身体与灵魂，把他最美好的童真、最伟大的童年，献给了这个世界，献给了我们。小宝宝在幼儿园里不断地交出与生俱来的美好元素和纯洁品质，去换取我们所谓的嘉许与认同，就像王开岭先生所讲："孩子们就像一个懵懂的天使，不断地掏出衣兜里的宝石，去换取巫婆手中的玻璃球。"我们是宝宝灵魂的工程师，是宝宝灵魂工程师的工程师，决不能做施舍宝宝玻璃球的巫婆。那我们做什么呢？

每想到此，我们的责任多么重大，我们的使命多么神圣。

上帝把这么多的天使赐给我们，天天围绕着我们，我们又是多么的幸福，多么感谢上天的恩赐，让我们的灵魂得以净化、洗涤、上升。无论多么大的风风雨雨，多么大的世俗压力，是孩子们高贵的灵魂带领我们前行。我们已很难分清是孩子们塑造了我们，还是我们塑造了孩子们。我们只知道，孩子们成了我们生命的全部，我们成了孩子们的阳光、生命和水。为了孩子们，我们可以奋不顾身，我们可以修炼身心，我们不怕泪水打湿衣被。我们唯一希望，永远拥有一颗炽热的赤子之心、纯净至善的童心与孩子们高贵的灵魂交流，聆听孩子们的天籁之音。

孩子们需要纯净，我们就努力禅定；孩子们需要激励，我们就点燃心中的火把；孩子们需要拥抱，我们就蹲下张开温柔的双臂；孩子们需要走进他们的内心，我们就研究儿童理论；孩子们需要多元文化，我们就学习中外人文；孩子们需要剪纸书法，我们就学习中国古典文化；孩子们需要小溪蜻蜓，我们就研究自然昆虫；孩子们需要阅读涂鸦，我们就学习文化艺术……

是啊！这就是以儿童为中心的世界，孩子就是我们的全部世界，我们恨不得把每一分钟的生命热情都献给孩子们。

的确，做园长真的不容易，既要有国际视野，又要有人文底蕴；既要有高深理论，又要博古通今；既要有科学素养，又要文理双通；既要有专业特长，又要有艺术素养……好吧！有上帝保佑，有佛祖加持，有孩子们的笑声，我们就继续上路吧，没有什么可怕的，谁让我们是园长呢?

孩子的灵魂是纯净、高贵、高雅的。孩子五体、六根、六识、六尘是融合的、互联互通的,没有任何阻碍,是与世间的万事万物融为一体的,是物我合一、天人合一的。孩子双眼是纯粹的,是一尘不染的。孩子眼中的世界,一切都是美好的、高贵的。孩子的任何一个动作,任何一个肢体造型都是一种艺术符号,都是一种心灵呼唤,都是一种最美的语言。激发、引导并让孩子感知美的世界,体验美的快乐,追求美的享受,创造美的天堂,濡染孩子美的气质,滋养孩子美的灵性,是我们园长不懈的追求。

希腊有个习惯,妇女在怀孕期间,要看美丽的事物。据说,这是为了让孩子也能成为一个美丽的人。美的教育、美的熏陶在宝宝的生理胚胎期就开始了精神胚胎的滋孕。

蒙台梭利也认为0~6岁是孩子视、听、嗅、味、触五官高速发展的时期,抓住人的一生中最关键的敏感期,激发和引导孩子,孩子将一生受益。当然,这一时期也是向孩子进行美育培养的最敏感期。凡是孩子眼睛看到的,耳朵听到的,鼻子闻到的,舌头尝到的,四肢触到的,都要给孩子营造最美的环境,发展孩子的精神胚胎。

教育家斯托夫人也给家长们建议,给孩子营造一个优美舒适的室内环境。孩子的房间应该选择空气清新、阳光充足的屋子,墙壁最好是有利于视力发展的暗绿色,上面最好挂有各种美丽的装饰,可以是名画复制品,床要洁白,被子要软而轻,最好在桌子上陈列一些孩子喜欢的雕塑……

苏霍姆林斯基告诉我们,美育最重要的任务是通过周围世界的美、人的关系的美，而看到精神的高尚、善良和诚挚，并在此基础上确立自己的品质。

在英国有这样一所私立学校，它像牛津、剑桥一样没有围墙，面向社会招生，每年报名的有1000多名，通过层层严格的考试和面试，最终录取250多人。在学生的服装上，我们可以看出这所学校的气质、风度与修养。学校为不同职位、不同等级、不同荣誉的获奖者设计了不同的着装。校服有点像正式的黑色燕尾服，加上白色衬衫、圆领扣黑色马甲、长裤和锃亮的皮鞋，走在大街上，构成一道美丽的风景线，成为该校的一张名片，散发着一种优雅的气质与高贵。这所学校就是被誉为"小牛津"的伊顿公学。

看着英国伊顿公学的校服，分析一下校服背后的气质与优雅，再对照一下我们幼儿园的一些做法，很值得我们思考。我们应该知道，无论是中学、小学还是幼儿园，无论是国外还是国内，教育的本质是一样的，就是让孩子们在美的环境里，优雅地学习，优雅地成长，优雅地建立起自己高贵的品质。

咱们幼儿园里的外墙颜色美吗？幼儿园的logo设计得美吗？幼儿园的围栏美吗？幼儿园的传达员形象美吗？幼儿园里花、鸟、树、木、玩具、水溪、动物角、种植角、操场设计美吗？幼儿园的室内墙壁色调、主题背景搭配、走廊标识设计、班级宣传栏展示美吗？教室内部图书角、娃娃家、小舞台、科学角、蒙氏柜及各类教具、学具设计与摆放美吗？幼儿园的课间音乐选择与声音控制美吗？孩子们的园服、发型、行为举止美吗？老师们的园服、发型、脸部、牙齿、语言、行走美吗？

我们真的要好好问一下自己，自己幼儿园办得美吗？有艺术气质吗？孩子们喜欢得不愿回家吗？令访问的家长和朋友由美的细节而引发的感慨不断、感动不止吗？

我认为，一个没有简约、纯净、明快、儿童艺术气息的幼儿园，一个没有微笑、生动、温润、透射着清纯气质的老师，一个没有动若脱兔、静若处子的孩子，这个幼儿园是没有前途、没有希望的。

做幼儿园一定要美，一定要有气质，美得让人回味，让孩子依依不舍，走得最晚，盼着第一个来园；有气质，让人一见倾心、一往情深，让老师们不愿下班，比家还温暖、还享受。这个幼儿园也就真的成功了，这个园长也就真的值得尊敬了。

那到底怎样做一个美丽、有艺术气息的幼儿园呢？

大家知道，有什么样的园长就有什么样的幼儿园。幼儿园要美，首先园长要美才行。我说的园长美，不仅仅是指园长外在的形象美，更重要的是指园长的内在美，尤其是指园长感悟美的能力，审美的能力，对美的鉴赏力、判断力，艺术直觉能力，认识和把握能力。

今天的园长，相当一部分是70后、80后的年轻园长，他们有强烈的愿望把幼儿园办好，也十分注重自身对美的追求，有的不惜金钱买名牌衣服，购名牌手表、项链，有的百忙之中去美容院美容，甚至不惜代价去减肥。但是，他们忽视了一个重要道理：气质在心不在身，美丽在内不在外，腹有诗书气自华。

巴尔扎克说："外在的美是有形的，却只是肤浅的；内在的美是无形的，却是极为深沉的。"相由心生，美由心生。心就是初心、本心、真心、童心、用心，天人合一，物我合一，心我合一，美自然也就来了。幼儿园的美，来自园长的美；园长的美，来自于园长的心顿悟的美。追求浮华外在的美，心里不宁静是很难感知到美、顿悟到美的。

台湾学者龙应台在一次给大学生演讲时讲道：湖岸有一排白杨树，这排白杨树当然是实体的世界。水边的白杨树，不可能没有倒影，而这个倒影，那么虚幻无常：风吹起的时候，或者今天有云，下小雨，或者满月的月光浮动，或者水波如镜面，而使得白杨树的倒影永远以不同的形状、不同的深浅、不同的质感出现，它是破碎的，它是回旋的，它是若有若无的。然而，在生活里，我们通常只活在一个现实里，就是岸上的白杨树那个层面，而往往忽略了水里的那个"空"的，那个随时千变万化的，那个与我们的心灵直接观照的倒影的层面。

是啊，在日常生活中，我们园长身边的"白杨树"太多太多了，"白杨树的倒影"也太多太多了。整日忙碌的我们恐怕心里只有白杨树吧，只有这个看得见摸得着的实物世界吧，而对白杨树水中的倒影，这个虚幻的世界，恐怕是没这个闲情逸致，没有空的心观察体悟水中千变万化的婆娑的树影之美吧！

没有了初心、本心、空心、静心，是观察不到风中水面上白杨树的摇曳的，是顿悟不到雨中水面上白杨树的哭诉的。

我们自己观察不到水中的白杨树，但我相信我们的老师，尤其是我们的孩子能观察到、能听到、能触摸到。可是他们对美的能量传播是有限的。

记得有一次王开岭先生访问我的幼儿园，他看见园内满园的柳树十分快乐。他告诉我，要带领小朋友走出教室，观察柳枝的变化，让小朋友的眼看到枝头嫩嫩的、泛黄的、似有似无的新芽，让小朋友闭上双眼，敞开心扉，感受春风拂面的温柔，让小朋友张大嘴巴，把鼻子抬得高高的，品尝新芽的味道和体悟扑鼻春芽的芬芳气息，让小朋友张开双臂，抱起初春的树腰，感受"碧玉妆成一树高，万条垂下绿丝绦"春天的美丽。

是啊，如果我们的园长都有这样的情怀，如果我们的老师都有这样的初心，幼儿园不就处处散发着美的气质吗？我们的孩子们不就更加美丽可爱吗？

其实，我们的课堂上得不生动，孩子不喜欢，精力不专注；我们的幼儿园办的不动人，招生有困难。其根本原因之一，就是我们对孩子的美、老师们的美、园内花草树木的美还没有顿悟，甚至有时变得十分麻木。罗丹早就说过，这个世界是不缺少美的，而是我们缺少发现美的眼睛。

我认为这个"美的眼睛"就是指发现美的方法，就是对美的鉴赏和感悟。

蒙台梭利告诉我们，在日常教学中要用视、听、嗅、味、触的手段，让孩子感知物体的大小、厚薄、粗细、长短、轻重、味道、气息等，这不就是认识感知美的方法吗？

佛祖开示我们，认识这个世界要用六根（即"视、听、嗅、味、触、意"）、六识（即"视、听、嗅、味、触、脑"）、六尘（即"色、声、香、味、触、法"）去感知万事万物的变化，寻找和修炼内心世界之真、之善、之美，这是多么好的方法啊！

关键是我们自己要会用，要像王阳明讲的"知行合一，物我合一"。当下雨的时候，让孩子们跑出去，听雨，戏水，吸吮雨的味道。当下雪的时候，让孩子们听雪的声音，看雪的飞舞，品尝雪的味道。当刮风的时候，让孩子们拉起手尝试能否抵得住风的威力，看孩子们用盒子把风存起来的快乐……

园长的风度决定幼儿园孩子们未来的高度，园长的气质决定幼儿园的气质，园长的美丽决定幼儿园的美丽。

不求园长靓丽时尚，但求园长端庄优雅；不求园长不高不低 1 米 61，不胖不瘦 106，但求园长形神兼备；不求园长琴棋书画、能歌善舞，但求园长生动温润；不求园长学富五车、学贯中西，但求园长胸怀天下，思接千载。

在 21 世纪的今天，全世界是有几个女总统的，但我更敬重的是韩国的朴槿惠，其端庄、大气、温润、亲切的形象，给人印象十分深刻。她在 2013 年 5 月 29 日访问清华大学演讲时说："*在我人生最困难时期，使我重新找回内心平静的生命灯塔是冯友兰的《中国哲学史》*。"

冯友兰的《中国哲学史》找回了朴槿惠，我想也应该找回我们自己，我们还是要有几分哲学素养。哲学就是智慧学，就是顿悟学。我们开了悟，找回了李贽讲的本心、童心，美就走进了心，就走进了幼儿园。

杜威

做一个有几分科学素养的园长

19世纪美国思想家梭罗在《种子的信仰》里关于教育充满诗情画意地说:"如果你在地里挖一方池塘,很快就会有水鸟、两栖动物和各种鱼类,还有常见的水生植物,如百合等等。你一旦挖好池塘,自然就开始往里面填东西。尽管你也许没看见种子是如何、何时落到那里的,自然看着它呢……这样种子开始到来了。"

我们的幼儿园不就是梭罗讲的这个池塘吗?我们的孩子不就是水鸟、两栖动物和鱼吗?不就是百合等各种植物吗?我们的孩子像鱼儿一样,在这个池塘里自由地游来游去,像百合花一样自由地吸吮着阳光、空气和水,奔放地生长,散发着芬芳。我们不需要知道走进孩子心灵世界的种子是如何、何时落地,种子开始来了,孩子充满着好奇，充满着想象，这就是"自然"的力量。当然，我们更应该看到，这个"种子"就是园长内心世界播下的科学的种子。

大家知道，2007年2月，在英国林肯郡伍尔斯索普庄园发生了一件令中国教育界十分关注的有趣事情。在这个庄园里生长着一棵350多年的果树，它普通而又神奇、伟大。天津大学校长龚克亲手剪下这棵神奇之树的3条10多厘米长的树枝，带回了中国，栽在了天津大学九楼前。经过精心的嫁接培育，这几棵枝条的血液已融入了天大砧木的身体，至今3.5米高的身躯散发着生机与活力，闪耀着智慧的光芒。这棵树也成为天津大学的风物标志和天津大学独立思考、勇于探索、追求真理的科学精神与"实事求是"校训的精神写照。

这不是一棵普通的树，这是让人类历史上最伟大、最有影响力的科学家，当时24岁的牛顿走进万有引力世界的生命之树。这棵树被誉为科学探索精神的象征，这就是"牛顿苹果树"。

如今的"牛顿苹果树"在天大的新校区又开始生根、发芽、结果。苹果树是智慧之树，是科学精神寄托之树，是龚克校长以深厚的人文情怀和科学素养治校之树。

我们的幼儿园有这样的苹果树吗？我们的苹果在哪里生长的呢？在教材里？在课程里？在户外院子里？还是在园长的心里？

如果一个幼儿园园长心里没有"苹果树"，没有科学的"种子"，恐怕这个幼儿园将危机四伏，也就没有希望了。

大家还记得去年的春天，中国幼教界发生的一件大事吗？在2014年3月，《中国青年报》报道，湖北宜昌、陕西西安、吉林吉林市等地的5家幼儿园未征得监护人的同意，违规给幼儿服用处方药

"病毒灵"。这一事件在全国引起强烈反响，严重损害了幼儿园公益形象。除了食药监、卫生等职能部门缺失监管外，我们的园长对科学的无知与麻木，实在是令人痛心，哀其不幸，又怒其不争。

大家还记得三年前，浙江温岭女幼师虐童事件吗？在 2012 年 10 月，微博上流传一组女教师体罚孩子的照片，一名老师面带微笑地揪着孩子的耳朵，离开地面十几厘米，孩子耳朵被扯得变形，孩子因痛张着嘴巴大哭。这名老师因涉嫌寻衅滋事犯罪，被警方刑事拘留 7 日。这个幼儿园有科学管理吗？这个园的园长有以儿童为本位的人文情怀和基本的科学素养吗？

有人说，园长的科学素养比人文素养还重要。一个没有人文素养的园长，充其量把幼儿园办得没有味道，没有文化品位，孩子的教育缺乏人文环境浸染而已。但一个没有科学素养的园长，不仅仅是扼杀了孩子的好奇心、想象力，而且要出大问题，从以上的事例可以看出，可能走上犯罪的道路，要受到法律的制裁。

那什么是科学素养呢？

美国科学促进会认为，只有公众理解了科学、数学和技术，形成科学的思维习惯，科学和技术提高人类生活的潜能才能实现。没有具备科学素养的大众，奔赴美好世界的前景就是渺茫的。

OECD（经济合作与发展组织）在 1999 年提出，科学素养就是能够运用科学知识识别问题，并根据证据得出结论，从而理解自然界和人类活动对自然界的改变，以及做出相应决策的内禀特质和能力。

清华大学老校长顾秉林先生说：中国的孩子埋头做题，丢了好奇心。科学家从事具体的科学活动，首先要有好奇心，还要有想象力和批判精神。

著名物理学家诺贝尔奖获得者李政道表示："科学和艺术是硬币的两面，是不可分割的。它们源于人类活动最高尚的部分，都追求着深刻性、普遍性、永恒性和富有意义。"

我认为，幼儿园园长的科学素养就是指园长在自己的日常生活、幼儿园的战略定位、办园理念的确立、经营管理体系的完善、以教师为本和以儿童为本的教育教学体系的实施，以及公共关系、社会事务等方面，以辩证唯物主义思想，以科学的态度、科学的概念和科学的方法，进行思考和判断，并在此基础上形成的稳定的心理品质。

园长的知识结构中，既要有深厚的人文科学知识，又要有丰富的自然科学知识，以及扎实的专业知识。其人文科学知识涵养了园长的人文精神，其自然科学知识涵养了园长的科学精神，其专业知识涵养了园长的教育精神。科学素养是园长综合素养中最重要的组成部分。

园长科学素养的高低决定幼儿教师科学素养的高低，教师科学素养的高低又决定儿童科学素养的高低，在某种程度上，也影响家长科学素养的形成。

国家教育部在2012年颁布的《3～6岁儿童学习与发展指南导读》在关于科学领域中明确提出，儿童有着与生俱来的好奇心和探究欲望。好奇、好问、好探索是幼儿的年龄特点。探究既是幼儿科学学习的目标，又是幼儿科学学习的途径。大自然和生活中真实的事物与现象是幼儿科学探究的生动内容，激发探究兴趣、体验探究过程、发展初步的探究能力是幼儿科学学习的核心。

　　大家知道，出生在 19 世纪德国的爱因斯坦，被誉为伽利略、牛顿以来最伟大的物理学家。但是你是否知道，爱因斯坦之所以能成为伟大的科学家，与我们幼儿园科学精神的环境创造和课程设计不无关系。爱因斯坦小时候并不是一个天资聪慧的孩子，有人说他是个"低能儿"，但是他的爸爸是一个电机工程师，没有对儿子失去信心，想方设法让爱因斯坦发展智力。他为儿子买来许许多多的积木，教他搭房子。爱因斯坦在爸爸的鼓励下，一直把积木搭建了 14 层。爱因斯坦对积木的酷爱与痴迷为他后来对天体空间的探索与研究打下了扎实的基础，无怪乎他说："想象力比知识更重要。"

　　但是你是否知道，爱因斯坦的爸爸为他提供这么多的积木，理念是源于我们"幼儿教育之父"德意志教育家福禄贝尔的教育思想。在"福禄贝尔礼物"中，占最重要地位的就是积木，其功能就是让孩子们利用立方体构造自己的世界。福禄贝尔早年对几何、实体十分痴迷，他的理想是成为一个矿物学教授。他在晶体学的研究中，深信世界是由那些微小的几何形粒子的不同组合而构成的，就像我们知道万物是由原子构成的。让孩子以此开始自己的认识过程，不仅是自然的，也是科学的。我们相信，如果没有福禄贝尔的积木理论，爱因斯坦的好奇、好问、好想象、好探究精神至少不会这样强烈。我们也更加相信，如果福禄贝尔没有对几何、制图、晶体学的痴迷，对自然科学的热爱，他也不会成为改变人类教育体系的"幼儿教育之父"，1840 年也就不会有人类第一所幼儿园的诞生。

　　福禄贝尔去世后，意大利一生未婚的女教育家蒙台梭利开始引领了人类的儿童教育。蒙台梭利 13 岁酷爱数学进入米开朗琪罗工科学校就读，16 岁以最优秀的成绩毕业，为其开创蒙氏数学理论奠定了扎实的基础。

此后，蒙台梭利又进入国立达芬奇工业技术学院，学习现代语言和自然科学。20 岁时，蒙台梭利对医学有了浓厚的兴趣，她是班里唯一的女生，时常一个人留在解剖室做实验，与死尸独处。26 岁时，蒙台梭利获罗马大学医学博士学位，成为罗马大学和意大利的第一位女医学博士。我们有理由相信，是蒙台梭利深厚的医学功底和数学基础，以及对自然科学的熟稔，才有了影响一个多世纪的蒙氏儿童教育思想。我们有理由相信，如果蒙台梭利在自己的知识结构中没有对自然科学的系统理解，也就不可能称为"儿童早期教育教母"了。

比蒙台梭利小半个世纪的马拉古奇，也是意大利人，他是一位小学教师，对儿童心理学、戏剧、记者、运动和社会政治活动都充满着兴趣和热情。正是因为他有着社会科学人文知识的积淀，他提出了独特的儿童教育思想，即"每个儿童都富于潜在的和强大的能力"。他的一生都在践行着他的教育思想，如果没有马拉古奇的《其实有一百》，也就没有风靡世界的瑞吉欧·艾米利亚。

鲁道夫·史泰纳是奥地利教育家、哲学家，1919 年在德国创办了第一所华德福学校。经历近一个世纪的发展，华德福学校遍布在不同文化背景和社会价值观的世界各地。他是灵智学的创始人，用人的本性、心灵感觉和独立于感官的纯思维与理论解释生活。他主张按照人的意识发展规律，针对意识的成长阶段来设置教学内容，以便于人的身体、生命体、灵魂体和精神体都得到恰如其分的发展。正是因为他的《自由的哲学》、《通神论》和《歌德的世界观》等哲学思想著作奠基，才有了影响全世界的华德福学校。

中国最伟大的儿童教育家陶行知，1908 年 17 岁时就考上了杭州广济医学堂，虽愤而退学后考入南京汇文书院，但他对医学的浓厚兴趣可见之深。陶行知提出"**生活即教育，社会即学校**"。1927 年，他创办乡村师范学校晓庄学校及第一个乡村幼稚园燕子矶幼稚园。1931 年，陶行知在上海创办自然学园、儿童科学通讯学校，主编《儿童科学丛书》等。不仅如此，令我们十分感动和敬仰的陶老先生除了对儿童教育的追求外，还始终致力于民主革命工作。1936 年，他在布鲁塞尔参加世界和平大会期间，联络他的老师杜威及爱因斯坦、罗素等世界名人致电蒋介石，营救沈钧儒等"七君子"。1946 年被毛泽东和宋庆龄等称为"伟大的人民教育家"和"万世师表"。陶行知老先生的科学精神和对儿童的人文关怀以及远大的政治抱负和革命情怀，多么值得今天十分浮躁而功利的我们学习和敬仰啊！陶行知老先生 55 岁就离开了我们，我常想，老先生若能活到今天，该多好啊，中国的幼儿教育绝不是今天的这个局面，中国的孩子们该有多么幸福。他一定会与蒙台梭利、马拉古奇握手，请他们到中国来。

从福禄贝尔到蒙台梭利，从马拉古奇到鲁道夫，到陶行知，从古今中外的儿童教育家的成长史和幼儿教育的发展来看，与其说他们是幼儿教育家，不如说他们是自然科学家、人文科学家、社会科学家。正是因为他们有着伟大的科学素养和人文精神，才成就了伟大的人生和伟大的幼儿教育。

毫无疑问，他们是我们的灵魂工程师，是我们的师表和楷模。可是，我们也的确应该冷静地看到，今天的中国有20万个幼儿园园长，而我们的园长多数又以文科出身，知识结构明显有短板状况，其中对自然科学、社会科学、政治科学等方面的了解与把握十分薄弱。也可以说，园长科学素养的不足已经成为园长人生成长，实现从管理者到专家、教育家的最大瓶颈，成为中国幼儿园园长的硬伤。当然，我们不能责怪我们的园长，这是中国教育的悲哀，实行几十年的文科、理科双轨制，不知毁掉了多少有聪慧潜质的学子。学校大墙封闭、高楼林立，成为文明的"监狱"，而不是孩子们好奇、好问、好想象、好探究的天堂。我们今天的孩子，无论是幼儿园还是小学、初中、高中，乃至大学，太缺乏生活教育、自然教育、生存教育、人格教育和心理教育了。我们感叹于"钱学森之问"，又哀叹于为什么中国拍不出《阿凡达》式的美国科幻大片。我们感叹于何时才能由中国制造的尴尬，实现中国创造的骄傲，又哀叹于中国的文科大学生发出"学数学无用"的悲凉。我们感叹于与比尔·盖茨已经称兄道弟的马云互联网的创造王国，又哀叹于今天中国的孩子依然背着几十斤重的书包。我们感叹于2011年全国具备基本科学素养的公民比例仅仅为3.27%，仅相当于日本20年前的水平，又哀叹于国人的夜郎自大，坐井观天，自以为是，有个小感冒就要输液，吃绿豆能治百病。我们感叹于中国的幼儿园"两个三年行动计划"实施的速度和质量，又哀叹于我们的园长在微信如此发达的今天还把板蓝根给孩子预防感冒服用。我们感叹于有的幼儿园收费已达到20万人民币，成为世界上最贵的幼儿园，又哀叹于幼儿园里孩子们怎么没有在下雨的时候，冲出教室听雨点打在水面、伞顶、屋顶、树叶上的声音……

苏霍姆林斯基说："如果你想让你的劳动能给你带来乐趣，使天天上课不至于变成一种单调乏味的义务，那你就应该走到从事研究这条幸福的道路上来。"

从事研究就是要求我们园长以科学思维、科学品质、科学态度、科学伦理、科学方法、科学精神，探究幼儿园的战略定位、办园理念、师资队伍建设、课程设计、教研工作等等，从事研究工作是幸福的，也是必需的。

"虽然我不相信没有种子的地方，会有植物破土而出，但是，我对种子怀有大信心。若能让我相信你有一粒种子，我就期待奇迹的横空出世。"让我们记住梭罗的话吧！愿我们的园长都有一粒梭罗的"种子"，都有一个天津大学牛顿的"苹果"。

做一个有个性特色幼儿园的园长

虽然我展开双臂，
也绝不能飞上天空，
会飞的小鸟却不能像我，
在大地上奔跑。

虽然我晃动身体，
也不会发出美妙的声音，
会响的铃却不能像我，
会唱许多歌谣。

铃和小鸟，还有我。

大家不同，大家都好。

不知道大家读没读过这首《我、小鸟和铃》的童谣。记得我第一次接触这首清纯、剔透、甜美、如童话仙子的童谣的时候，我的眼睛湿润了，心一下子颤抖了。这是一个在上世纪初最伟大的童谣诗人，她叫金子美铃，她用儿童最自然的状态来体验、感觉这个世界，她以如水般的内心与这个心中的童话世界对话，她被日本诗坛誉为"童谣诗的彗星"。令我颤抖的不仅仅是她的诗唤醒了我的童心，主要还是27岁的她就永远地去追寻她心中的美丽童话了，令人痛惜。

读着金子美铃的诗，不由得让我想起，我就是我，小鸟就是小鸟，铃就是铃。"我是我的幼儿园"，"小鸟是小鸟的幼儿园"，"铃是铃的幼儿园"。大家不同，大家都好。这是多么美好的事情啊，这也是我们20万个幼儿园园长共同编织的人类最美的童话世界啊。

是啊，这是我们的浪漫期待，我想这一天一定会实现。

可是，现实也告诉我们，在中国21世纪第二个十年的今天，在移动互联网时代O2O、P2P、APP扑面而来的今天，在中国无论什么背景的人都在关注、投资早期教育产业的今天，在中国政府又一次实行"第二个幼儿园行动计划"的今天，在20万个幼儿园园长认为转型升级进慢则退的今天，在几千万个家庭有更多的自由选择幼儿园的今天，在一平方公里就有3~5家幼儿园的今天，我们的园长该怎么办呢？我们的事业还做吗？到底怎么去突破呢？怎么让自己的幼儿园大旗迎风招展，猎猎作响呢？

看看马云的淘宝、王健林的万达、董明珠的格力，再看看雷军的小米、任正非的华为，我们应该能找到答案。这就是一个企业的生存与发展，必须有"五名"来支撑，一是名个性，二是名企业家，三是名产品，四是名品牌，五是名文化。他们的形象一个个性鲜明，一个个叱咤风云，一个个气吞山河，一个个胸怀天下，一个个都是人间传奇。但他们也不是神，他们就生活在我们的身边，可是他们真的是我们想干一番轰轰烈烈事业的园长们学习的榜样。

我们知道，成功一定有方法，失败一定有原因，我们要向成功找方法，而不是向失败找借口。这些杰出企业家和企业的成功告诉我们一个重要的道理，就是企业家本人要有个性，企业要有个性，企业产品要有个性，企业文化要有个性。叶茂中是我最敬佩的中国最顶尖的策划人，他的座右铭就是：

我们拒绝驯化，
没有好创意就去死吧！
宁做旷野里奔啸的狼，
不做马戏团里漂亮的老虎。
我们的策划已不满足于客户认可，
更要求客户的成功。
好方案得不到完善地执行，
我们一样愤怒，
因为我们渴望成为英雄。

的确，古今中外，无数的实践、无数的案例都已证明一个成功的金科玉律，就是只有鲜明个性的企业才能走得更远。虽然有个性不一定走得更远，但是没有个性，一定走不远。在一个十面埋伏、四面楚歌幼儿园竞争的今天，我们做一个有鲜明个性的幼儿园是唯一的选择。

在德国有这样一家幼儿园，在孩子3年4000个小时的幼儿园学习中，孩子们参观了警察局，学习了如何报警，如何处理遇到坏人的情形；参观了消防警察局，与消防警察一起学习灭火知识和躲避火灾的常识；参观了邮局，看看一封信是如何从家里到达邮局，又被邮局投递出去的；参观了市政府，认识了市长，看看这个为他们服务的市长是什么样子的，都在做些什么事情……3年过去了，孩子们在幼儿园里学习了自己修理玩具、管理时间、制订计划、搭配衣服、整理东西、找警察……

在挪威有这样一家幼儿园。幼儿园没有教材，以"什么都不教"而闻名于世。幼儿园每天让孩子出去玩，尽量多接触阳光和大自然。在幼儿园里，从不给孩子上文化知识课，也从不要求所有的孩子做同一件事情。老师每天会集中给孩子们讨论每个人打算要做的事情，然后各自去玩。之后，孩子们也可以任意地谈感受和收获。

在维也纳有这样一家幼儿园。这家幼儿园致力于培养幼儿的想象力。这里的教室设计成不同环境，比如"童话世界"、"太空工厂"，甚至"农舍"、"厨房"、"手工操作间"等。孩子们可以投身童话世界，设计自己的故事，模拟太空旅游，做手工劳动，种瓜种菜，纺线织布、缝补浆洗，等等。一切活动都要求孩子们尽量想象所处的环境和可能的情况。在绘画课上，孩子们要通过朗诵或欣赏诗歌来描绘出诗歌的"意境"。

在中国北京有这样一家幼儿园。幼儿园的结构布局、功能、色彩、环境、氛围等全部由园长设计。幼儿园不以教室为主体，全部以"工作室"为主体，从艺术到科学共有10个工作室。教材也由园长一个人编写，班级的老师有固定的孩子，工作室的老师没有固定的孩子，由孩子自由选择，全面实行混龄，倡导顺应自然节律、通向规律本质的教育，让孩子与艺术相通、与自然相通、与科学相通，实现人、灵、质三位一体的教育。这所幼儿园的园长叫李跃儿，幼儿园的名字叫李跃儿幼儿园，非常鲜明的个性色彩，令人印象十分深刻，"两个效益"也十分好。

在中国北京还有这样一家幼儿园。要想让自己的孩子入这家幼儿园，恐怕要在妈妈怀孕期间就开始排队，排队上的不是幼儿园，只能上它的亲子班，而亲子班也未必能排上。据了解，有人托教委的主要领导疏通也解决不了入园的问题。这家幼儿园的确很牛，它是几位妈妈在一起办的幼儿园，其中一位妈妈在美国耶鲁大学获得博士学位后回国，突发奇想与几位妈妈走在了一起。这家幼儿园强调体育运动，强调动手和劳动，强调情商教育，强调财商教育，强调了解社会，实行混龄教育，开启蒙氏教育。这家幼儿园在北京已经低调地成立了十四五年，但受到了业内外全社会的关注。这家幼儿园的园长叫王甘，幼儿园叫小橡树，富有哲学和诗意的名字，给人以无限想象。

鲁迅说："天才可贵，培养天才的泥土更可贵。"当然，我们也可以说:"孩子很可贵,培养孩子的幼儿园更可贵。"

鲁迅还说:"有地方特色,倒成为世界的,既为被别国所注意。"当然,我们也可以说,幼儿园有特色,是最容易成功的,也是最容易被家长和社会关注的。

我认为,做一个有特色的幼儿园,建议要从八个方面把握好。

一是园长自身的个性要充分分析好、研究好、把握好。这是最关键的一点,也是最根本的一点。这里说的园长的个性不是指园长的性格是内向还是外向,是高学历还是低学历,更多的是指园长本人的绝对优势,以及所面临的幼儿园内外社会公共关系等资源整合在一起的绝对优势。在这方面,有的园长糊里糊涂,只知道风风火火地干事,不停地往前走,很少停下脚步,回头或低头看看路。过去我们抓管理是以木桶短板理论为指导,今天的这个社会木桶短板理论已经过时了,而是以木桶的长板原理为指导。当木桶倾斜的时候,盛水的多少,是由最长的木板决定的,最长的木板就是园长自身的核心优势,也是自己的核心个性、核心竞争力。大家看过《时间简史》和《果壳里的宇宙》吧,它们的作者就是当代继爱因斯坦之后最伟大的物理学家、宇宙学家、思想家、哲学家霍金。他21岁时,患上了肌肉萎缩症,一辈子被禁锢在轮椅上;43岁时,又动了穿气管手术,失去了说话的能力。他全身只有三根手指能动,通过敲击一个按键合成人工语言演讲、写作,一个一个字母敲出《时间简史》。霍金拥有的仅仅是一个天才的大脑和三根手指,其他的每一个部分都比我们差得太多太多,但是,他能聚焦他的大脑资源,并将其发挥得淋漓尽致,也自然会撑起一个伟大的生命。

我们也是这样，既不要夜郎自大，也不要妄自菲薄，畏畏缩缩，更关键的是要像霍金一样，正确科学地认识自己，把握自己。我们要像苏格拉底讲的一样"认清自己"。我是谁？我来自哪里？我在哪里？我想去哪里？我怎么去？我跟谁去？谁跟我去？要常常问自己。

如果你喜欢文学，我建议你的幼儿园要突出文化品牌，课程以绘本阅读为主要特色。

如果你喜欢音乐，我建议你的幼儿园要突出音乐艺术特色，在视、听、嗅、味、触方面让孩子感知音乐的魅力，要在钢琴、舞蹈、打击乐、民族乐器等方面有所定位，狠抓一点，将其延伸、升华。你要深入学习中央音乐学院周海滨院长《我为何呼吁一生至少要学一件乐器》的文章。

如果你喜欢运动，我建议你的幼儿园要突出运动特色。你的幼儿园小朋友一天可走三公里，风雨无阻，雷打不动，提出让孩子三年走10000里的口号。你的幼儿园在攀、爬、跳、拍、钻、投等方面的设施要多，要有自己的拓展基地。

如果你喜欢美术，你的幼儿园一定是最美的，孩子一定是最有好奇心、最有想象力的。你可以投放五彩缤纷、各种规格的长方体和立方体等软硬材料的积木，你可以带你的小朋友开展绘本日记、周记、月记活动，你可以让小朋友听花开的声音，绘花开的瞬间。你的创意美工教室将成为小朋友和家长最依依不舍的地方。

如果你崇拜蒙台梭利，那你就要带头学 AMS。那就要做得原汁原味，并能因园、因地制宜地延伸课程。

如果你欣赏瑞吉欧，那你就要到意大利瑞吉欧社区，闭上双眼聆听马拉古奇从天上发出的《其实有一百》的呼唤。

如果你酷爱华德福，那你更要加强自身的内心修炼，既学儒、释、道，又学基督教。身、心、灵、魂合一，是人生的最高境界，也是幼教领域难度最大的教育体系。

总之，不论你选择什么，最根本的是你自身的优势到底在哪里，千万不可东施效颦，人云亦云。

二是研究幼儿园的资源特色。自己社会资源、政府资源、教育资源、科技资源、教学资源、家长资源、固定和流动资产资源等方面，要做以深入的分析、研究，并进行系统的整合，围绕你的办园特色进行聚焦、定位，使特色更加立体、鲜明。

三是研究教师特色。教师是幼儿园的灵魂，是幼儿园的核心竞争力，要认真分析教师的年龄结构、学历结构、籍贯结构、婚姻结构、性格特点等，要挖掘和培养 1～3 人成为自己的"掌上明珠"，要开小灶，要向其倾斜政策，聚焦于其，加快成长，高高举起名师大旗，打造自己的核心优势。我们知道中国最需要教育的不是孩子，而是父母；我们更应该知道，在幼儿园最需要教育的不是教师，而是园长。园长思想开放，教师就有成长土壤，千万不要"武大郎开店"，要深知"教师的心，幼儿园的根"的内涵。

四是要狠抓一点特色。不可看着什么都好，什么都想干，就像照相机，焦点一多，相片必虚。抓住核心优势的一点，分四步实施：第一步，先做实验；第二步，以点带面；第三步，深度挖掘，形成系统；第四步，提升拔高，形成文化。

五是要坚持不懈。要像胡适所讲"日拱一卒，功不唐捐"，千万不可浮光掠影，蜻蜓点水，"小猫钓鱼"。成功往往是在拐弯处等着你。

六是要坚决限制班额。孩子 10～20 人为最佳，孩子、教师以10∶1 为最佳，教师越多越容易扼杀孩子的天性，要努力做到"少一倍孩子多几倍奇迹"，不要以多招孩子作为主要盈利点。

七是要狠抓幼儿园常规工作。规范＋特色是办园根本，常规建设是幼儿园立园之本，特色是幼儿园发展之源。千万不可舍本求末，基础建设不好，无法谈起什么特色发展。如果是一个新幼儿园或者是新园长，前 5 年是不能谈特色的，要扎扎实实夯实幼儿园和园长的日常工作。正像任正非的华为，即使北大毕业的学生，在华为工作的五年内也是没有资格发表什么改进意见的，需要做的是听话照做。

八是跟着政府走才是根本的办园方向。有的园长对政府管得过紧不太愿配合。我看这是极其错误，也是极其幼稚、极其危险的。中国幼儿园的发展趋势日趋清晰，政府购买服务是大方向。购买谁的服务，一定是购买政府认可的服务。园长千万不可只抓了特色，而忽视了教委的基本要求。

总之，一个幼儿园有了名园长、名教师、名课程、名孩子（主要是指素质高的孩子）、名园文化（没有文化作底色，也不会有什么特色），这个幼儿园的办园特色就会生动地跳在我们眼前。其实，真正办特色幼儿园的最高境界，不是以园长的特色为特色，而是完全以孩子的个性为特色。马拉古奇的《其实有一百》已经告诉他们什么才是"真正的特色"。

作为一个有思想深度的园长，要把握好办园"共色"与特色、特长与"特短"、个性与共性、特色与品牌之间的关系，才能真正办出自己的幼儿园特色，创办特色幼儿园。寻求差异化、排他化经营模式，在今天不是园长想不想的问题了，而是必须要面对和唯一的出路问题。

金子美铃《向着明亮那方》天籁般清纯的童谣又一次在我的耳边响起。

向着明亮那方，不正是我们幼儿园明亮的方向吗？

向着明亮那方。
哪怕一片叶子
也要向着日光洒下的方向。
灌木丛中的小草啊。

向着明亮那方。
哪怕烧焦了翅膀
也要飞向灯光闪烁的方向。
夜里的飞虫啊。

向着明亮那方。
哪怕只是分寸的宽敞
也要向着阳光照射的方向。
住在都会的孩子们啊。

做一个教育家办园的园长

"踢我吧！打我吧！打一拳一文钱，踢一脚二文钱"，为了穷孩子，为了办义学，在路边，一个手持铜勺、肩背褡袋、衣衫褴褛的乞者跪在地上向周边的行人喊着。有钱的孩子骑在他背上，牵着辫子走了一圈，给了他几文钱，他幸福地笑了。这个烂衣遮体的乞丐就是载入中国教育史册，并在中国浩如烟海的教育史册文字中以其独特的人性光辉闪烁着温克尔曼的"高贵的单纯与静穆的伟大"，他就是武训。150年前的武训，为了让穷孩子有书读，能识字，有学上，不再受欺凌，20岁开始，沿街行乞30年。当50岁的武训耳边传来孩子们朗朗的读书声的时候，他热泪盈眶，在母亲的坟前长跪："娘，穷孩子能念书了。"于右任称他为"匹夫而为百世师"。蔡元培在讲话中也常常引用"武训先生提醒我们"。冯玉祥称他"特立独行，百世流芳，先生之风山高水长"。黄炎培、陶行知、蒋介石、何思源、郭沫若、郁达夫、臧克家等为他题词著文。陶行知老先生为他作诗："朝朝暮暮，快快乐乐，一生到老，四处奔波。为了苦孩，甘为骆驼。与人有益，牛马也做。公无靠背，朋友无多。未受教育，状元盖过。当众跪求，顽石转舵。不置家产，不娶老婆。为著一件大事来，兴学，兴学，兴学。"今天的我们称他为"中国近代史上最伟大的平民教育家"，国外教育界称他为"无声教育家"。

鲁迅在《且介亭杂文》中说："我们从古以来就有埋头苦干的人，有拼命硬干的人，有为民请命的人，有舍身求法的人……这就是中国的脊梁。"

毫无疑问，武训就是中国教育的脊梁，就是中国的脊梁。武训是中国教育的骄傲，更是中国民办教育者的骄傲，是我们民办教育者永远的学习楷模。当我想起在创业之初被人打被人骂，眼里含着人格受辱的泪水还要前行时，再想想伟大的灵魂武训，那又算得上什么呢？武训穷其一生，就办了一件事，就是兴学，兴学，还是兴学。我们没有发现他有着什么伟大的深邃的教育理念，而他事实上是一个文盲，但一点不影响今天的我们称其为"伟大的平民教育家"。

因为他有执着，他有坚定，他有刚毅，他有爱。他有对孩子们的爱，对人性的爱，对这个世界的爱，正如伟大的夸西莫多的诗："爱以神奇的力量，使其出类拔萃。"

我们学习武训，不能不想到陶行知先生、陈鹤琴先生。两位老先生十分敬仰武训，也是在武训办学精神的鼓舞激励下，陶行知在

1927 年于南京北郊创办了乡村师范学校晓庄学校，并创办了第一个乡村幼稚园——燕子矶幼稚园；1923 年，陈鹤琴老先生在南京自己的住宅内开办了中国第一家幼稚园——鼓楼幼稚园。陶行知老先生被誉为"人民的教育家"，陈鹤琴老先生被誉为"中国现代儿童教育之父"、"儿童教育的圣人"。当然，我们也知道，电影《武训传》是陶行知老先生倡导发起拍摄的，正是因为这部电影，20 世纪中叶的中国发生了惊天动地的事件，不仅陈鹤琴老先生深受其害，中国的教育、文化等领域也深受其害。这是中国的悲哀，更是中国教育的悲哀。倘若当时在世的陶行知老先生知道他倡导平民教育家精神遭其阉割，不知会发出什么的呐喊，还是以生命捍卫平民教育家的尊严？20 世纪中叶近 30 年的时间，中国抛弃了武训，也抛弃了陶行知、陈鹤琴。无论是幼儿园、中小学教育，还是大学教育、成人教育，中国的教育受到了灾难性重创。陶行知、陈鹤琴之后，即新中国成立以后，至今近 70 年的时间，没有涌现出伟大的教育家就不足为奇了，我们有时候感叹 20 世纪初，中国的教育家蔡元培、胡适、傅斯年、叶圣陶、潘光旦、晏阳初、张伯苓等等，灿若群星地涌现也不足为奇了。中国的教育是政治教育，而不是自由呼吸的教育，这就是中国教育之殇、根本之所在。

两年前去世的于光远老先生在 1985 年就发出振聋发聩的声音：*"不论在大学教育、中学教育、小学教育、幼儿教育乃至成人教育、职业教育、社会教育等领域中，都要有'教育家'在那里奋斗。我们迫切需要成千上万个'教育家'。"*

我们欣喜地看到，中国改革开放近四十年来，中国的教育发生了天翻地覆的变化。中国涌现出了顾名远、陶西平、王佐书等一大批在国内德高望重的教育家。虽然寥若辰星，但我们也看到了希望。

梅贻琦说："大学者，非谓有大楼之谓也，有大师之谓也。"今天的中国经济已成为世界第二大经济体，是真的吗？中国的经济之大不是林立的高楼，而是如民国时期大教育家、大思想家、大文化家这个伟大群体的诞生，中国经济才有强大的未来。

欣喜之余，我们也有几分苦涩。纵观当代中国幼儿教育，又有几个能与顾名远、陶西平、王佐书对话呢？中国幼儿教育的发展远远滞后于九年义务教育的发展，前几年已被边缘化了，近几年，中国政府虽然加大了投资与管理，但历史欠账太大，长途漫漫。中国20万个幼儿园园长又有几个能在国内一亿多儿童的教育大舞台上发出自己独特响亮而又有极具感召力、影响力的声音呢？谁又能成为中国当代的陈鹤琴式的儿童教育家呢？没有陈鹤琴式的儿童教育家的中国学前教育还能走多远呢？中国的幼教界呼唤幼教大师、大教育家的出现，中国的教育呼唤陈鹤琴式儿童教育家的出现。

我认为，在未来20年，当中国实现第一个百年梦想后，中国的幼教界一定会出现陈鹤琴式的儿童教育大家，不是一人，而是一个群体，不仅在中国德高望重，而且还会在世界幼教舞台上扮演着重要角色，并引领着21世纪后半叶世界学前教育的发展。

《凤凰周刊》知名学者玛雅说："以中国的文明规模、历史规模和人口规模，只要自立于世界民族之林，对现有世界体系的挑战和改造就不可避免，这就需要中国人在实践中创造出中国式的国家发展战略——政治的、经济的、军事的、文化的。"我认为，当然也应包括教育的。

不难看到，今天我们中国 20 万个幼儿园园长，从年龄上看，50后的基本退出了舞台，60、70 后成为中国幼教舞台的中流砥柱，有一定国际视野的 80 后，成为中国幼儿园园长蓬勃向上的重要后备力量。从学历上看，60、70 后的学历绝大多数还是进修后取得的本科或研究生学历，第一学历多数是中专或大专。80 后的新生力量学历大多在大专或本科以上，第一学历中专的已经很少。从知识结构上看，60、70 后多数以中国传统文化的人文教育为基础，融合了国内外新的教育理念。80 后思想更加活跃，移动互联网时代下学习能力十分强大。他们对蒙台梭利、瑞吉欧、华德福等教育流派都有着浓厚的兴趣，再经过 20 年左右的教育沉淀和岁月洗礼，伴随着中国国际社会地位的提升，心智会更加成熟。

中国的 20 万个幼儿园园长里涌现出几个或几十个在国内外有影响力的具有独特教育思想的大家是历史的必然。

可是，我们也不难看到，今天的中国幼儿园园长生存环境极其艰难，灵魂很高贵，举止很优雅，心情很复杂，幼儿园的生态环境很令人焦虑。我们的园长，不得不为开不完的无效会议而奔波，不得不为无价值的报告材料而浪费时间，不得不为形式主义的各类检查而穷于应付，尤其是民办园园长更是满腔教育情愫，也不得不低下高贵的头，打破宁静的心，周旋于开发商与幼儿园利益的平衡。又有多少有教育情怀的园长还能够拖着像灌了铅的腿回到家里，打扫完卫生，一盏青灯相伴，与心灵对话呢？又有多少园长，像陈鹤琴和蒙台梭利一样，一生都在一线，一生都与孩子在一起呢？

的确，成为一个教育家，不仅仅是内因，也有外因的问题，也有教育家生态环境的诸多因素。有人说，在当今，要想成为教育家，要深谙三条规律，一是政治规律，二是经济规律，最后才是教育规律。虽然如此，我还是固执地认为，如果你心里播下了成为教育家的种子，在这个世界上是没有人能阻碍你成为教育家的。人类社会自立自强的核心价值观告诉我们一个道理："一个人，一定能够成为他想成为的人。"

梭罗说："我步入丛林，因为我希望生活得有意义，我希望生活得深刻，吸取生命所有精华，把非生命的一切击溃，以免当我生命终结时，发现自己从来没有活过。"

胡适在威尔明顿学院演讲时说："我们铭记，促成人类伟大进步的并非碌碌无为的平庸之辈，而是那些卓尔不凡，闪烁着领袖光芒的男性和女性。"

中国的孩子们呼唤着幼儿教育家，全世界的孩子们呼唤着幼儿教育家，人类21世纪的和平与发展呼唤着像三次提名诺贝尔和平奖蒙台梭利式的幼儿教育家。

怎样才能成为幼儿教育家呢？

从福禄贝尔、蒙台梭利到苏霍姆林斯基、马拉古奇；从陶行知、陈鹤琴到当代的魏书生、李希贵。无数的实践告诉我们，成为一个教育家，不是在大学校园里，不是在科研院所里，不是在杂志编辑部里，更不是在什么教育官场里，真正的教育家是在学校里，是在课堂上，是一生都在孩子们中间。

我认为成为一个幼儿教育家，要做到"八个一生"。

一是一生都要为理想而奋斗，为实现自己的教育思想、实践自己的教育思想而奋斗。优尔泰说："不是事业为了思想，而是思想为了事业。坚持意志伟大的事业需要始终不渝的精神。"他还说："要在这个世界上获得成功，就必须坚持到底，到死都不离手。"陶行知14岁时就在他的宿舍墙上，写下了"我是一个中国人，应该为中国做出一些贡献来"的伟大誓言。陶行知用毕生的精力都在践行着他的理想，生命虽然短暂，但在中国教育史上化为了永恒。蒙台梭利不仅仅是一个儿童教育家，而且是人类唯一一个致力于儿童时期和平研究与发展的教育家。她说："和平科学具有一种特别的发展规律，是一切运动规律中最崇高的。人类生命的发展，依赖于这种规律，所以，和平科学的发展是决定我们整个文明是发展还是消失的问题。"蒙台梭利82年的生命都献给了人类和平教育。

二是一生都要在幼儿园，一生都要与孩子们在一起，一生都要去上课。苏霍姆林斯基从17岁开始工作，直至52岁去世，他一生都在担任一所农村中学——巴甫雷什学校的校长。也正因如此，才成就了他光辉而又伟大的一生，世界的教育史上才有了最伟大光辉的一页。我国当代的教育家魏书生，无论是做校长还是做教育局局长，不论是在哪个岗位上，他始终坚持自己的生命在课堂上，在孩子们中间。也正因为如此，魏书生才成为名副其实的中国当代教育家，也是最接地气、最有影响力的德高望重的教育家。

三是一生都在读书与写作，一生都在著书立说。从实践到理论，再从理论到实践，从感性到理性，再从理性到感性，这是一个认知和升华的过程。无数的教育家之所以成"家"，一个最主要的特征就是有独立的思想、独立的见解和独立的批判精神。没有这三种精神，只有独立实践是很难成为大家的。蒙台梭利的一生就是读书的一生、写作的一生、独立思考与批判的一生，她的《儿童的发现》《童年的秘密》《教育人类学》《吸收性心智》等，在人类儿童教育史上熠熠生辉。苏霍姆林斯基更是令我们肃然起敬，他17岁工作，52岁去世，35年的教育生命里，他奇迹般地写了40部专著，600多篇论文，约1200篇儿童小故事。《写给教师的100条建议》《把整个心灵献给孩子》《学生的精神世界》等作品脍炙人口。苏霍姆林斯基虽一生短暂，却持之以恒地探索和孜孜不倦地写作，他是世界上最勤奋的校长、最勤奋的教育家。

四是一生都在演讲。一千多年前的韩愈说过："*师者，所以传道、授业、解惑也。*"有了实践，有了思想，有了专著，还要去演讲，推广自己的主张，要让更多的人受益，这不是功利，而是一种责任。"*穷则独善其身，达则兼济天下*"。蒙台梭利一生走遍了世界，无论是在意大利、德国、英国，还是在美国、荷兰、印度，她走到哪里，讲到哪里，讲她的世界观、和平观、价值观，她为整个世界的和平进步，从来没有停下脚步。（她多么想来中国，而又失之交臂，我们是多么的羡慕她去的日本、印度。）中国的魏书生更是一个演讲家，他走到哪里，哪里就会有掌声、笑声，哪里就会热血沸腾，他的思想已经影响了近千万教师。如果魏书生只是一个会写书但不会讲的人，可以想象他的魅力就要失去了多少。

五是一生都要把个人命运与国家命运、人类命运联系在一起。既要仰望星空，又要脚踏实地。陶行知17岁就考入杭州广济医学堂，想通过医学改变这个多难痛苦的民族，而后来弃医从教，认为教育才能报国，他短暂的一生都献给了中国的教育革命。陈鹤琴最初也是像他的朋友陶行知一样学医，而最后选择了儿童教育，一生都献给了中国儿童革命。如果蒙台梭利的教育只是单纯地关注儿童的生活感知和数学的分类、排比，没有上升为儿童和平教育，那么蒙台梭利就不会走进中国、走向世界。只有把个人命运与祖国命运、世界命运结合在一起，个人才能成其人生的"高贵的单纯和静穆的伟大"。

六是一生都要保持好奇心、想象力和批判精神。卢梭说："好奇心只要有很好的引导，能成为孩子寻求知识的动力。"爱因斯坦说："想象力比知识更重要。"苏格拉底认为，一切知识均在疑难中产生，愈求进步疑难愈多，疑难愈多，进步愈大。作为一个幼儿教育家要无限热爱生命，无限热爱生活，无限热爱大自然，要常常发问：时间有没有起点？宇宙有没有边缘？是先有的鸡还是先有的蛋？听茄子缺水的呻吟，看向日葵日照时的欢悦，遥望繁星满天中的北斗，匍匐聆听雪的倾诉。有了好奇心，才有想象力；有了批判精神，才有了创造灵感，才有了独立的灵魂。一个对生活、对自然、对生命没热心和好奇心的园长，自然也就没有了想象力，恐怕再有批判精神也不过是无病的呻吟和无聊的纠结，是不会拥有教育未来的，更不会成为幼儿教育家。

七是一生都在游学。今天的世界是一个开放的多元的世界。两耳不闻窗外事，一心只读圣贤书，没有国际视野，是成不了教育家的。常言道："读万卷书，不如行万里路。"蒙台梭利如果不周游世界，恐怕也不会建立她的儿童和平教育理论体系，也不会三次提名诺贝尔和平奖。每想至此，我内心里对蒙台梭利不仅仅是敬爱与崇拜，更多的是感受到她灵魂的伟大与高贵。也只有她走遍了世界各地，阅读了人类一战、二战的沧桑与残酷，才悟透了生命的真谛：人类和平的种子，要播在儿童的心里。

八是一生都要为创办具有中国特色、世界影响力的幼儿园而奋斗。美国思想家爱默生对全美的大学生说："更多地关注美国本土，追求美国本土的独创性。"北京哲学系教授楼宇烈也说："凡是不带偏见的人，都能看到东方文化中蕴含着大量人类智慧的精华，它不仅对世界古代文明的发展做出了巨大贡献，而且还将对今日世界和未来世界的文化建设做出更大的贡献。"民族的才是世界的，中国的幼儿园园长在不久的将来，要走向世界，我一直认为在吸收国际化的科学思想的同时，一定要把中国5000年独特的文化养分植入自己的生命，完全融入自己的血液，通过自由地呼吸，丰富自己的情感和心智。只有这样，中国才能涌现出世界级的儿童教育大家，才能在世界儿童教育舞台上发出具有中国特色而又对人类终极关怀的伟大声音。或许，我们离这一步还有距离，但我坚信，再过20年、30年，在不远的将来，中国的蒙台梭利一定会出现，中国的幼儿教育之母一定会出现。

卢梭说："只要柏拉图的《理想国》和卢梭的《爱弥儿》留存在世，纵然所有教育著作被毁，教育园地依然还是馥郁芬芳。"

今天，我们不仅有了《理想园》、《爱弥儿》，还有了《儿童的一百种语言》、《童年的秘密》……还有什么可担心不能成为幼儿教育家的呢？

管理篇

园长与安全管理

　　14 年前，即 2001 年 9 月，国家教育部颁布的《幼儿园教育指导纲要》明确指出："**幼儿园必须把保护幼儿的生命和促进幼儿的健康，放在工作的首位。**"的确，安全工作，责任重于泰山。幼儿园安全管理工作是压倒一切的牛鼻子工作，尊重幼儿的生命，保护幼儿的生命，引导和培养幼儿热爱生命、享受生命的快乐，用园长的生命、教师的生命影响儿童的生命，这是我们园长所肩负的神圣使命。承受如此之重，我们的园长每天诚惶诚恐，如临深渊，如履薄冰。当每天晚上送走最后一个小宝宝的时候，绷紧一天的神经才得以缓冲；当周五的晚上送走最后一个孩子的时候，心里才有一丝安宁，面对苍天，阿弥陀佛，一切平安。自 1840 年，福禄贝尔成立人类第一家幼儿园以来，幼儿园就成了人类最神圣的地方，也是人类之火传承的地方，更是最终能够拯救人类世界的地方。穹顶之下，最伟大的地方就是幼儿园。人类世界最纯洁的地方就是幼儿园，人类世界最缺少爱的地方、最危险的地方也是幼儿园。我们的园长是人类世界最伟大的人、最伟大的灵魂、最值得人们尊敬和爱戴。

幼儿园园长最大的快乐是天天与人类最纯洁的灵魂沐浴在一起，园长最大的痛苦就是为孩子们的生命安全竭尽所能，殚精竭虑，唯恐有所闪失。有时候感觉生命真的难以承受如此之重。虽然今天我们看到了社会的进步和国家对幼儿教育的重视，但是，对儿童生命的敬畏，对塑造儿童生命与灵魂的教师及园长，关注、关心、爱护及政策的重视程度还远远不够。我们的园长遇到一些难以解决的困难，需要充满正义的社会和政府关心帮助的时候，忽然发现自己的生命多么渺小与卑微，叫天天不应，叫地地不灵。我们自视为自己多么高贵与伟大，可是残酷的现实不得不令我们走出教育的"理想国"，还是不要太浪漫了好。我们凌驾于卑微与伟大两极之间，一半是火焰，一半是海水；一半是纯净，一半是混沌，真的应了那句"痛并快乐着"。

幼儿园安全管理工作，是重中之重，是一切工作的首要位置。没有安全做保障，我们的一切都是子虚乌有。关于幼儿园安全管理工作，我有十二个方面的建议。

一是真的要以自己的生命来捍卫。孩子在幼儿园磕、碰、擦伤甚至于缝几针等现象，在幼教高度发达的美国、日本、德国也不可避免。但是，我们绝对不能出现重大恶性安全事故和教师职业素养渎职事故，决不能以牺牲孩子的生命安全为代价来换取幼儿园所谓的"可持续发展"，决不能赚取带血的利润。幼儿的安全，园长不重视，谁也无法保证。园长必须真的重视，不能说一套做一套，不能虚心接受批评，为了省钱，就坚决不改。你可真的知道管理学上有一个最重要的哲理："魔鬼存在细节之中"。你若不能实行360度的全封闭式管理，就一定会在不久的将来，为此付出巨大的代价。所以，园长啊，伟大的园长啊，我们多么的伟大，而又多么的辛苦，有时候，还生活得多么忧郁与惆怅。安全工作，要高度重视，要建章立制，要严格落实，要深入人心，要将安全工作真正作为一切工作的出发点和落脚点，要创造性地研究并采取一系列科学有效的措施，将孩子的安全隐患降到最低，要以自己的人格与生命告诉家长："放心吧，把孩子交给我，是最安全的。"

二是教师的师德素养要安全。近几年，浙江温岭、陕西西安等地方发生多起幼儿教师严重违背职业道德触犯法律的事件，应该给我们敲起警钟。今天幼儿园的教师，绝大多数都是85、90后的年轻人，她们是在社会浮躁与不安的大背景下成长起来的。有的教师心智不够成熟，有的根本不具备教师条件，由于幼儿园教师流动太快而勉为其难，最终酿成了大患。现在幼儿教师的职业道德素养教育普遍缺乏幼儿教师的职业化、专业化、道德化，亟待加强。在这方面，我们园长要高度重视。从某种程度上讲，教师职业素养的高低决定幼儿园安全防护屏障的高低。要从教师的内心深处晓之以理，动之以情，导之以行。对孩子没有爱心、耐心的教师要坚决及时地予以请退，千万不可犹豫，我们要牢牢记住在今年3月德国汉莎航空公司失事空客的悲剧。教师良好的职业道德，不是一天形成的，作为幼儿园园长就是要苦口婆心，不厌其烦；就是要抓住契机，语重心长，谆谆教导；就是要率先垂范，身体力行。我相信一个把自己的每一分钟都献给孩子的优秀园长，她的教师眼睛里也一定是散发着爱的光芒。一个真正爱孩子的教师，也一定是有耐心、有细心、有观察力、对孩子安全隐患有预见力的教师。

三是要高度重视食品安全。最近几年，全国各地连续发生幼儿园食品安全事故，有的出现了重大恶性安全事故，园长和当事人都受到了法律的制裁。在这方面，我们不能有一丝马虎。食品安全成为全社会关注的问题，幼儿园更应该高度重视。

1. 要把好食谱制作关。儿童营养平衡是幼儿食谱制订坚持的原则，要制订带量的儿童食谱，要符合儿童身心健康发展规律和儿童生活特点，食谱制作教师要经过专业训练，要多采用应季时令食材，要荤素合理配餐，要色香味俱全，要让孩子们听起来就想吃、看起来就要吃、吃起来下次还想吃。

2. 要高度重视食品采购工作，把好食材"进口关"。幼儿园采购要实行招标管理，要严把供应商质量，坚决不用无执照、无固定经营场地、无固定人员的"三无"供应商。一些不太大的作坊式幼儿园，也要把好食材进口关，千万不可购买过期、失效等假冒伪劣商品，决不可贪图便宜，降低成本，以牺牲孩子的安全为代价。

3. 要把好食材验收关。要有专人验收供应商的食材，对假冒伪劣、以次充好、缺斤少两的材料乃至供应商坚决清理。

4. 把好食材清洗关。现在不少蔬菜含农药成分超量，要购买合

118

法高质量大品牌清洗用品和泡洗设备，按程序要求清洗。有的幼儿园开办了农场，为孩子们开辟了一个户外自然学习拓展之地的同时，又种上了无公害纯天然蔬菜，真是一举两得，这是一个幼儿园课程改革和儿童营养改革的方向。

5. 把好食材烹饪关。要招聘有经验的专业厨师按照科学方法烹饪，要在色、香、味及营养元素方面下功夫。要对厨师长实行绩效考核，要提高厨师长职业道德水平及在幼儿园的地位，要引导教师和孩子们尊重厨师及劳动成果，要进一步完善厨房工作制度。

6. 要把好食品留样关。要按照食品卫生部的要求，每天食品都要留样，以便监督与研究。

7. 要把好园长每天转食堂关。作为园长，再忙也要每天转一转食堂，及时发现问题、解决问题。

8. 要把好孩子吃饭关。园长、教师要多观察孩子爱吃什么，不爱吃什么，尤其对比较挑食的孩子要多观察并给予引导，建立档案，跟踪管理。

9. 要把好园长吃孩子餐关。由于园长事务较多，每天真正关注食堂工作的时间十分有限。园长午餐可以吃孩子的饭，就餐的同时，注意观察、分析当天孩子餐的特点与变化，并及时与厨师长沟通。

10. 把好师生分餐关。教师餐、孩子餐一定要实行两条线，分开实施，不可为了降低成本采取混餐式制作。

11. 把好月底食材清理关。食堂要一月一清理，对过期无效的食材坚决予以清理。

四是要高度重视课程设计突出儿童安全教育，要把安全教育课纳入园本课程体系，要制订系统的安全教育特色课程体系，要按照英国儿童精神分析学者鲍尔比的依恋理论为孩子们打造一个"安全基地"。在瑞典，2岁就开始进行交通安全教育；在丹麦，2岁半的宝宝就加入了儿童交通安全俱乐部；在日本，每月都有一天"交通安全指导日"；在华德福幼儿园里，孩子们有一个木工房，里面摆放着真的木锯、真的锤子、真的锯子、真的刀子、真的墨盒和真的钉子孩子玩起来一个个乐不思蜀，在游戏娱乐中培养了孩子们防范安全隐患的能力；在德国的幼儿园，孩子们需参观警察局、消防局、市长办公室；在美国，幼儿园开展了"不开门"的游戏教育。在这方面，中国的幼儿园安全教育还很薄弱，孩子们的自我保护意识能力十分欠缺。正因为如此，孩子们的磕、碰、伤等事故也常常出现，防不胜防。

五是要高度注意户外活动、外出活动及大型活动安全。据统计，在户外发生的安全事故远远高于室内。在幼儿园内部开展户外活动时，要做到有秩序、有设计，要有课表、有观察、有记录地开展活动，要每周进行一次户外设施安全大排查，要防患于未然。在园外开展活动时，要制订安全预案，不要去人口密集和有安全隐患的地方，多鼓励家长参加亲子活动。

六是要高度重视门卫安全管理。门卫是幼儿园的第一道防火墙，是幼儿园的一张名片，是幼儿园的"招生办"，也是家长最信赖的人之一。可是，每天上午八点左右、下午五点左右是幼儿园最为混乱的时候，也是最不安全的时候。一定要严格把关，千万不可一拥而上，不分彼此，这方面的教训也十分深刻。

七是要高度重视班车安全管理。最近几年，每年都会发生几起幼儿班车事故，血的教训不是一般的深刻。从我的经验来看，我不太鼓励幼儿园使用班车，班车的安全隐患不仅多，而且一般都亏损运行。园长要对班车司机挑选与培养监督考核方面加强管理，要加强班车司机专业知识学习，要定期检查班车车况，对发现的问题及时维修，再苦也不能苦班车，再亏也不能亏班车。同时，要加强跟班车的接送教师的管理，要建立绩效考核制度。园长要每学期不少于一次乘班车体验，及时发现问题、解决问题。

八是要高度重视幼儿园的卫生安全管理。常规工作是幼儿园的基础工作，而卫生常规又是幼儿园常规之常规，基础之基础。没有卫生常规作保障，幼儿园一切都谈不上。每年春天，我们都很担心手足口病的来袭。每年由于手足口病，不少幼儿园闭班闭园，严重影响了教育教学。因此，园长要高度重视卫生保健安全管理工作。孩子的用品，毛巾、茶杯、碗筷、玩具要消毒，孩子的床上用品要日晒，教室的窗要通风，孩子刷牙要足时，洗手要到位，等等。孩子的卫生安全十分重要，不得不承认，优秀幼儿园的小班、小托班孩子的出勤率是很高的。反之，卫生管理差的幼儿园小班、小托班孩子的出勤率会很低，不仅影响了教学，家长也有意见，而且还影响了效益。

九是要高度重视防火、防盗、防破坏、防震、防恶性事件发生的"五防"工作。有一次，我访问英国苏格兰 Wee Gems 幼儿园时，幼儿园里突然响起了警报，持续地发声，我也不免紧张起来。可是孩子们排着队，教师手里领着一个小宝宝，怀里抱着一个小宝宝，一个个都非常沉着、淡定地在很短的时间走出了教室，来到院子里，整整齐齐地站成了一排排。这个场面令我很吃惊，七八年过去了，至今还萦绕于我的脑际。后来园长告诉我，厨房炒菜的锅台出了问题，烟大报了警。人的一生，充满着许许多多的不确定性，面对不确定性所带来的恐惧和恐慌，如果在幼儿时期受到了良好的学习和训练，我们的生命就会淡定许多，生存的质量和机会就会高许多。日本从幼儿园开始就把防震演习作为提高孩子们自我保护能力的一项课程，进行常规式训练，正是说明了这个问题。当然，我们更应该向汶川地震时带领 700 多名学生在三分钟内成功逃离的四川安县桑枣中学叶志平校长学习、致敬。

十是要高度重视幼儿园资产的安全管理，尤其是要重视幼儿园经营场地租赁合同的管理。要注意与甲方的有效沟通，要按时或提前缴纳房租、水费、电费、暖气费、物业费等，千万不可因小失大，要将心比心，要学会吃亏是福，吃小亏得小福，吃中亏得中福，吃大亏得大福。

十一，要高度重视公共关系安全管理。一个幼儿园，麻雀虽小，五脏俱全。我们不是生活在空气里，没有幼儿园横竖关系的加持，我们不可能在这里安心教书。作为园长，在抓好内部工作的同时，也要重视居委会、街道办、派出所、教育局、民政局、妇联、共青团、税务局、人大、政协、企业家协会、开发商、合作伙伴、同学、同乡、过往同事、亲朋等各方面社会关系的日常维护工作。做到无事才联系，有事才有人帮，请客不求人，求人不请客。千万不可现按鼻子现按眼，临上轿才扎耳朵眼。这方面，有的园长不仅感触深刻，而且为此还失去了事业基础。

十二，要高度重视自身的安全管理。在这方面，我们有的园长十分麻木。整天忙忙碌碌，整天像打了鸡血一样，激情四射，光彩照人，从来没考虑过自己的身体怎么样，十年以后的自己会是什么样，我们身边有的园长为此付出了巨大的代价。坦率地讲，事业很重要，但事业再重要，也不能压缩自己的生命来换取所谓事业上昙花一现的辉煌。如果真的爱事业、爱孩子、爱家庭，就要首先爱自己，把自己的生命拉长，再拉长。我们固然尊敬陶行知老先生的伟大，但也的确为陶老先生正当其时、绽放伟大生命价值的时候，却英年早逝而痛惜。如果他老人家多活几十年该多好啊！他的老伙伴、老朋友，我们的幼教之父——陈鹤琴老先生也就不那么孤独了，中国的幼儿园也不是今天这个局面了。

玛利亚·蒙台梭利

园长与教育教学

在 500 多年前，即 1513 年，地球上发生了一件惊天动地的大事，它颠覆了人类对自身以及对自然的几千年以来的认识，由此人类进入了一个崭新的世纪，这就是人类历史上最伟大的天文学家、数学家，波兰的尼古拉·哥白尼提出的"日心说"。哥白尼的"日心说"沉重打击了罗马教会的"地心说"宇宙观。哥白尼的《天体运动论》不仅开启了人类认识世界和宇宙的新纪元，而且还点燃了人类的文明智慧，人类的教育文明大幕也由此缓缓拉开。

在 19 世纪末 20 世纪上半叶，世界教育界也发生了一场哥白尼式的教育革命。美国的实用主义哲学家、社会学家、教育家，也是影响中国教育最大的杜威提出了"教育即经验的连续改造"、"教育是一种社会的过程"、"教育即生活"、"教育即生长"的四个基本哲学命题，彻底颠覆了统治教育界100多年的以赫尔巴特为代表的传统教育思想。由书本知识、课堂教学和教师的"三个中心"开始聚焦到儿童身上，儿童成了教学研究和教学实际活动的中心。杜威"教育即生活"的教育思想也启迪了中国的陶行知"生活即教育"、"教学做合一"以及陈鹤琴"做中教、做中学，做中求进步"教育思想的形成。

人类的文明开始苏醒，教育的文明开始一天一天接近真理。从杜威到福禄贝尔，从蒙台梭利的儿童之家到马拉古奇的瑞吉欧，从史泰纳的华德福教育到苏霍姆林斯基的巴甫雷什中学，从陈鹤琴的鼓楼幼稚园到今天李希贵的十一学校，从李跃儿的巴学园到崔其升的杜郎口中学，教育改革的浪潮一浪高过一浪，从来没有停歇过，呈现出一派生机勃勃、百花齐放、百家争鸣之势。哥白尼式的第二次教育革命要以儿童为中心的新的"日心说"，正如蕴藏已久的冬日地下之火，即将喷薄而出。

中国经济正在加速转型升级，中国的教育也在加速转型升级，中国的幼儿教育同样也在加速转型升级。中国幼儿教育的转型升级的主题愈来愈回归儿童的天性，回归人的本性，回归自然的本性，回归世界的本性，回归真理的本性。无论是教育理念、教学特色、教材设计、课程开发，还是主题探索、课堂教学、课后反思与评估、教学研究等方面，都在一天一天地复归于儿童状态。著名学者李炳亭说的更直言不畏，更彻底，更令关注中国儿童教育的人心颤动，更不留一点遗憾。比起陈鹤琴的"两个凡是"（凡是儿童自己能够做的，应当让他自己做；凡是儿童自己能够想的，应该让他自己想。）更为令人振聋发聩。校长必须树立"人本管理"思想，即"教师为本，学生第一"，要敢于相信教师，释放教师，利用教师，发展教师；要相信学生，释放学生，利用学生，发展学生。尤其是"利用学生"，将学生的主体观"无限放大"，而非"部分"。要"无边界限制"，学校的"一切"、"全部"统统交由学生，校长的权利即学生的权利，校长只是学生的代言者；教师的权利即学生的权利，教师只是学生中的一员。他与学生唯一不同的是领受工资，除此外，再无"特殊"。什么导学案、考试评价、角色分配等等，一律交由学生。杜郎口中学崔其升说得更加让人如梦方醒："如果教师只是在表现自己，而忽视学生的心灵感受，那就是反人类。"中国教育的新一轮课改当然也包括中国幼儿教育的新一轮课改，裹挟着哥白尼式"儿童日心说"的光辉正迎面扑来，中国儿童教育的革命之火已开始燃烧。

如果我们的园长没有认清当前的课改形势，把握不住当前幼儿园课改的最佳机遇，恐怕不远的将来，就要被无情地甩出中国幼儿教育的"高速列车"。

当前，我认为中国幼儿教育教学正面临着八个转变。

一是园长的角色转变。由过去的投资型、管理型、松散型、非专业型、专业浅薄型向专业型、教育型、专家型、教育家型转变；由过去的个人英雄主义、个人浪漫主义向集体英雄主义、集体浪漫主义转变；由过去的发挥园长所长办园向真正以教师为本，发挥教师所长，由名师支撑幼儿园转变；由过去的园长亲力亲为向"事事有人做，人人有事做，基本我不做，观察与思考"的方向转变。

二是教师的角色转变。由过去的"小朋友，请你跟我这样做"向"小朋友，如果你喜欢，可以做一做"转变；由过去的部分教学互动、部分"利用"学生向完全教学互动、全面"利用"学生转变；由过去的知识技能的传授者向儿童学习材料的提供者，儿童学习过程的启发者、诱发者、引导者、激发者，儿童学习成果的分享者、学习者转变；由过去的"我是孩子老师"向"孩子是我的老师，孩子你来教我"转变。

三是儿童的角色转变。由过去的"老师，请你帮我做"向"自己能够做的，一切都自己做；自己能够想的，一切都自己想"转变；由过去的"老师，请你来教我"向"小伙伴，请你来教我"转变；由过去的"钢琴式"学习向"足球式"学习转变；由过去的书本学习型向视、听、嗅、味、触、意，完全体验型转变；由过去的"拼音、英语、知识重要"向"好奇、想象比知识更重要"转变；由过去老师常问"好不好""是不是""对不对"，小朋友回答"好""是""对"向小朋友回答"不好""不是""不对"转变；由过去的室内学习工作向在森林公园的学习工作转变；由过去的小伙伴都是同龄人向与大哥哥、大姐姐在一起上课、游戏、吃饭转变；由过去的放学回家就看电视、看动画片向回到家里就开始洗衣、叠衣、擦地、做绘本日记转变；由过去的起床需要妈妈喊，吃饭需要爸爸端，书包整理需要奶奶干向自己的事情自己做，家里的事情学着做，班里的事情抢着做转变；由过去的八颗牙齿露出来的微笑向"笑眯眯，笑眯眯，我的眼睛笑眯眯"转变；由过去的"别的小朋友做的可好了"向"做最好的自己"转变。

四是家长的角色转变。由过去的把孩子送到幼儿园就走向在幼儿园一起与孩子"工作"转变；由过去的"好老师胜过好妈妈"向"好妈妈胜过好老师"、"好爸爸胜过好园长"、"好家庭胜过好幼儿园"转变；由过去的孩子送给了幼儿园，一切万事大吉向幼儿园是验证妈妈家庭教育成果的地方转变；由与其说幼儿园是孩子的幼儿园向不如说是家长的学习乐园转变。

五是课程特色的转变。由过去的人无我有、人有我优、人优我特、人特我转向因园制宜、因园长制宜、因师制宜、因孩子制宜、因时制宜、因地制宜转变；由过去的"健、语、社、科、艺"五大领域的教材为核心教材向个性化、园本化、多元化、丰富化教材转变；由过去园长的特点就是幼儿园的特点向教师的长板、孩子的长板才是幼儿园的特色转变；由过去课程特色的确立"心血来潮式"、"蜻蜓点水式"向深入研究、持之以恒转变；由过去的集体用一个教材向一对一个性化课程设计转变；由过去的封闭式课程向全面开放式、社会化、走向大自然、活的课程转变；由过去的分科型、单一型课程向主题型、全面整合型、深入延伸型转变；由过去的关注身心和谐发展向实现身、心、灵、魂同步发展转变。

六是班级角色的转变。由过去的一楼一个年龄段向大、中、小都在同一层楼转变；由过去的一个班一个教室向一个幼儿园一个大空间转变；由过去的班级出入口只有一个向多个出入口乃至多个滑梯式出口转变；由过去的教师配置两教一保向两班一保、大班无保转变；由过去的班级区角单一、玩具单一向区角丰富性、生活性、迷宫式、自制环保型、儿童自我设计实用型转变；由过去的班级床铺占用面积太大，使用价值不是最大化，向每寸土地都要还给孩子，每个空间都要还给孩子，每个地方都要教育价值最大化转变；由过去的班级布局，老师怎么想就怎么办，一切老师说了算向孩子怎么想，孩子就怎么办，一切孩子说了算转变。

七是课堂教学的转变。由过去的按照大课程表上课向一人一个课程表转变；由过去的集体式、分组式教学向一对一个性化教学转变；由过去的分科教学向主题式教学转变；由过去的幼儿园才是课堂向大森林、消防局、市长办公室才是课堂转变；由过去的分龄教学向大混龄教学转变；由过去的教室固定、孩子不动，向教室不固定、孩子流动与协作转变；由过去的"教"教材向"用"教材、无教材转变；由过去的"我去教孩子"向"孩子来教我，孩子教孩子"转变；由过去的备课、上课、说课、评课，向减少一切没必要写作、填写各类评量反思表、观察孩子的点滴变化、调整投放学习工作材料转变；由过去的教学成果评估关注孩子的表象作品向关注孩子内心情感、意志、品格、道德乃至和平意识的形成转变；由过去的上课集中听课式向上课选择式、自由式、流动式、互相联袂式转变；由过去的教师一节课要喋喋不休地讲向一节课针掉在地上都能听见，静若处子而又能欢呼雀跃、动若脱兔式转变。

八是教研活动的转变。由过去的单纯理论型、脱离实际型向实用主义型、学以致用型转变；由过去的教研主题由教研组长定向教研主题由教师们讨论制订转变；由过去的讨论没有主题、没有方向，向研讨人员人人都带着一个案例交流、分享、深度研讨、延伸升华转变；由过去的同一科教师研究向整合式多科教师讨论方向转变；由过去的关注教学理论的学习向研究孩子的个性化变化，讨论孩子的个性成长模型，用数字和曲线来研究转变；由过去的只有教师参加研讨向吸纳家长参与研究转变；由过去的集体面对面式研究向虚拟移动互联网远程式同步或不同步式研究转变。

此外，我再建议园长在教育教学方面把握好以下八个方面：

一是关于教育教学特色的问题。不能把自己的个性或自己的特长当作自己幼儿园的教育特色。如果这样做，这个幼儿园是极其危险的。所谓"特"就是与其他幼儿园的不同和差异，而这个"特"是指园长对本幼儿园的教师、孩子、家长和政治、经济、社会资源的整合，深度分析把握研究出来的幼儿园未来的立园之本和发展大计。所谓"色"是指幼儿园在"特"的背景下，要使"特"有色、生、香、味、触的生动和风格，给人感动，让人激动。

二是在教学人员配置方面，过去有的实行两教一保，有的实行四教一保，有的实行三教轮保，这绝不是未来的课改方向。大家一定要记住"老师愈多，孩子愈笨，愈害孩子"的道理。教师多，不仅不会帮助孩子成长，反而会害了孩子，要向家长渗透这其中的教育内涵。

三是不管公办园还是民办园，都要确立自己的课程特色。从无数的发展案例来看，公办园以五大领域的主题教学为课改方向是可行的，但民办园是很难成功的。因此，建议民办园宜选择可复制性、成熟性、操作性强的课程作为教学特色，选用蒙台梭利教学模式也不失为科学之举。

四是园长要高度重视混龄教育的模式。我们教育的目的就是培养孩子们成为适应未来生活、引导未来生活、创造未来生活的社会人。无数的正反面案例都告诉我们一个道理：不同年龄生活在一起的孩子适应能力是强的，心智是高的。因此，你的幼儿园无论是不是蒙氏特色，都要尽可能在就餐、户外活动、大型活动等方面为孩子们创造一个混龄的学习生活环境。你会收到惊人的教育效果，你的幼儿园也就真正成为孩子自己的一切事物、孩子自己都能干的幼儿园，学会"利用孩子"才是真正的爱。

五是园长要高度重视培养名师工作。没有台柱子、没有明星式"拳头"教师，这个幼儿园是很难生存的。要千方百计引进高学历人才，要千方百计留下高级人才，要千方百计整合各类资源聚焦于其并促其心智尽快成熟起来，要千方百计高高举起名师作为名片的大旗，大力包装宣传，要千方百计优化名师的生长环境，使其德配其位，德高望重。当然，培养和稳定一个名师有很大难度，但是，这也是唯一的选择，必须要走这条路，办法还是有的。

六是坚持教学活动一定要开放。幼儿园的开放程度决定幼儿园的办园高度和发展速度。要坚持开展"天天开放日"活动，要鼓励家长积极参加幼儿园义工活动，要坚持三年不少于 36 次的外出访问修学游活动，不要因为活动的安全隐患而因噎废食。

七是大力倡导教学理论学习之风。现在 80、90 后青年教师居多，教育理论水平也十分薄弱。实践证明，一个高水平、有特色、受家长欢迎的幼儿园一定是一个学习型、教育理论水平高的幼儿园。要千方百计鼓励教师进修学习，要千方百计鼓励教师做大量的读书笔记，要千方百计鼓励教师在专业杂志上发表文章，要千方百计鼓励教师走出幼儿园参加各类培训，并在各类论坛上发表演讲，要千方百计鼓励教师创作教育随笔并结集出版，形成本园教育文集。一个理论水平深厚的幼儿园一定是一个文化气息醇美的幼儿园，一定是家长十分信赖的幼儿园。

八是要大力推行课改，要义无反顾地带头推进课改。今天的幼儿园竞争十分残酷，今天的家长对幼儿园的选择也更加专业与刻薄，尤其是今天家长的学习能力和专业素养一点也不亚于我们的教师。教育特色、课程设计、课堂教学不改革就是安乐死，只有改革才能通向未来。

大家还记得，陶行知老先生在武汉大学演讲的故事吗？在1938年，陶行知老先生在武汉大学演讲时，从皮包里抓出一只大公鸡，又从口袋里掏出一把米放在桌上。接着，他用左手按住鸡头逼它吃米，公鸡只叫不吃。他又掰开公鸡的嘴，把米硬塞进去，公鸡挣扎着仍不吃。后来，陶行知轻轻松开手，又后退几步，公鸡便从容地吃起米来了。

今天，我们幼儿园的管理、幼儿园的教育教学像陶行知老先生按住鸡喂米的事情恐怕还不少吧。我们的教师在课堂上滔滔不绝，不觉得自己像个小丑吗？离孩子远点才是真正的爱，让自己的爱像阳光一样围绕着孩子，而又能够给孩子光辉灿烂的自由才是伟大的爱。

孩子是我们心中的太阳，是人类的太阳，"儿童日心说"哥白尼式教育的革命已经吹响了号角，我们该怎么办？

园长与师资队伍建设

尽管园长的工作千头万绪、错综复杂，但是，园长有两项最核心的工作，你知道吗？

这就是园长的左手和右手问题，左手抓钱，右手抓人。两手抓，两手都要硬，毫不手软，彻底干净利落。钱是一分一分精打细算、省吃俭用积累起来的；人是一分一秒、一天一月一年、一点一滴、一枝一叶用生命真情编织起来的。

搭班子、定战略、带队伍是园长必须要练就的三大基本功，也是幼儿园管理的最重要内容。其中带队伍又是重中之重，又是最挑战园长人格和综合素养的标志。有的园长做得风生水起，举重若轻，一个园接着一个园开发；有的园长拼了十年也如同毛驴拉磨，还是周而复始，走不出新的一片天。其根本原因就是带队伍方面出了问题，不仅是在幼儿园，在各行各业，带队伍是一把手最头痛、最棘手、最受煎熬的问题。谁都知道安德鲁·卡内基的一句名言："带走我的员工，把工厂留下，不久后工厂就会长满杂草；拿走我的工厂，把我的员工留下，不久后我还会有个更好的工厂。"员工是水，园长是舟。当然，我们更知道水可载舟、亦可覆舟的道理。不管是中国最好的幼儿园，还是中国最优秀的企业500强，乃至于世界500强；不管是马云、任正非、王健林，还是比尔·盖茨、巴菲特、李嘉诚，谁也不敢站起来向全世界宣告："我是最会带队伍的。"尽管他们的企业非常优秀，但令他们如临深渊、如履薄冰、焦虑和不安的不是产品的更新，也不是资金的多少，而是队伍的建设是否牢固，是否有千里之堤的"蚁穴"之患。所以有人说，叫我干什么都可以，千万别让我管人，带队伍。带队伍的确是这个世界上最为复杂、最为困难、最有挑战的问题了。我们的园长少说也要带30～40人，多则100～200人，乃至于数千人，员工越多，越难带。但为了梦想的"好风"，也要凭借员工的"力"，才能上青云之梦啊！自己浑身是铁又能捻几根钉呢？叔本华说："单个人的人是软弱无力的，就像漂流的鲁滨孙一样，只有同别人在一起，他才能完成许多事业。"

的确，今天令我们园长最揪心的就是员工建设问题，尤其是员工的稳定问题，现在中国民办幼儿园的师资队伍绝大多数教师呈现出以下七个特点：

一是85、90后教师成为主体，呈年轻化趋势，再过3～5年00后教师就要走来。

二是年轻的教师流动性加快，有的幼儿园一年以上园龄的教师占到80%，十分可怕。

三是幼儿教师的学历依然以大专生为主，有的占到50%，中专生占到40%，真正一本毕业的师范生凤毛麟角，三、四线城市幼儿园的师资学历更令人焦虑，尤其是农村更让人不安。

四是幼儿教师的理论水平、职业素养、专业技能参差不齐，"白、骨、精"式的少得可怜，还真有的幼儿园"蛋、白、质"式的不少，可是你又难以辞掉他。尽管你是民办幼儿园，不干不知道，当了园长才真正知道，不是咱们想辞掉谁就辞掉谁的。

五是保育员教师的年龄偏大，学历偏低，形象偏差，待遇偏低，技能技巧、职业素养优秀者少之又少，尤其三、四线城市和乡村幼儿园。

六是幼儿教师中女性占绝对优势。绝大多数幼儿园除了门卫、厨师长是男性外，一线教师及管理者全是清一色女性。见到哪家幼儿园有个男教师，简直就是当成宝贝一样，不仅让孩子喜欢、家长喜欢，女同事乃至园长也倍爱有加。

七是无论是一、二线城市幼儿园，还是三线城市幼儿园，绝大多数教师都来自于农村，18岁之前，都生活在农村。我不歧视农村，我也是农村的孩子。但是，我们也不得不承认，在农村长大的孩子，有的卫生习惯、生活习惯乃至于思维习惯、婚姻观、金钱观，真的难以改变，就一个"动物归原"恐怕一生都难以改变。

这是中国学前教育师资队伍的现实，也是关心关注中国幼儿发展的有识之士焦点和忧心忡忡所在，也是我们园长带队伍的困难之所在。有人说，这也是中国改革开放近四十年来，进入21世纪第二个十年，中国最值得爱的幼儿教师群体和最值得呵护的幼儿园最尴尬、最悲哀之所在。

成功一定有方法，失败一定有原因，要为成功找方法，不要为失败找借口。师资队伍再难带，我们也要带。人是根本问题，幼儿园的核心竞争力就是师资建设问题。没有强大的军队，哪来强大的国家。没有强大的师资，哪来幼儿园的未来。

我认为园长带好一支队伍要抓好以下七个方面。

一是抓自己的人格魅力塑造。人格魅力是指一个人在性格、气质、能力、道德品质等方面具有的很能吸引人的力量。山美不在高，而在景物；人美不在貌，而在思想。园长人格魅力的核心魅力，不是相貌如何、举止如何，而在于园长的思想、园长的格局、园长的胸怀、园长渊博的知识。教师追随园长，追的不是薪水的增加，不是漂亮的外饰，而是园长的格物致知、园长深邃的人文素养。尤其是教师在人生迷茫、彷徨、惆怅的时候，是园长醍醐灌顶，拨云见日，让他们茅塞顿开。这才是对教师真正的爱，也是园长最迷人的地方，也是稳定教师队伍的根本之所在。任正非说："高级将领的作用是什么？就是要在看不清的茫茫黑夜中，用自己发出的微光，带着你的队伍前进。"有人说，带队伍就是带人心；我说，带队伍就是带思想。让员工崇拜你的思想、崇拜你的智慧、崇拜你的道德品质、崇拜你绵里藏针的强大内心。员工因园长的健康而健康，因园长的快乐而快乐，因园长的真实而真实，因园长的善良而善良。园长有思想，教师有智慧，幼儿园有灵性。园长的思想深度决定园长人格魅力的高度，园长人格魅力的高度决定教师追随园长的长度，教师追随园长的长度决定幼儿园的可持续发展长度。

二是抓好幼儿园班子的正气。其身正，不令则行；其身不正，虽令不从。上梁不正下梁歪，下梁不正塌下来，榜样的力量是无穷的。有了园长迷人的人格魅力还不够，还要让自己的生命魅力唤醒班子的生命魅力。副园长、教学主任、保健主任、后勤主任等班子成员也要像园长一样树立自己的高尚品德，健全的人格，公平、公正、透明的工作风格，以园长为榜样，团结在一起，打造教师尊重、信赖的班子形象。加强班子建设，要突出抓好一个"正"字。正品、正德、正气、正人格，想得正、做得正、走得正，幼儿园就清净，教师就纯正，教师就稳定。简单、纯正的人际关系是教师快乐的基础，也是教师选择走还是留的主要原因。

三是抓好幼儿园的文化建设，培养血浓于水的亲情文化，建立幼儿园的"图腾"。一个有文化的军队才是强大的军队，一个有文化的幼儿园才是强大的幼儿园。园长要在幼儿园的创业故事、幼儿园的使命、幼儿园的愿景、幼儿园的教育理念、幼儿园的办园特色、园长个人的成长历程、教师形象魅力的塑造、幼儿园以儿童为本位的人文环境、以教师为本的系统的幼儿园法典、幼儿园的未来之路、幼儿园的公益事业和社会责任等方面都精心设计和渗透，建设幼儿园的文化"图腾"。一个在员工中没有建立"图腾"的幼儿园，是没有凝聚和竞争力的，是吸引不了员工追随幼儿园发展的。

四是抓好教师人生观、世界观、价值观、婚姻观、金钱观的学习。一个不爱孩子的老师，一个自私自利、以自我为中心的老师，一个只为钱而来的老师，一个脚踏两只船恋爱的老师，是不值得培养、不值得留恋的，还是早点让她走为好。作为园长，要苦口婆心、语重心长、不厌其烦地做好"五观"的教育。今天的幼儿教师85、90后已占绝大多数，社会大染缸，染苍则苍，染黄则黄，没有正确"五观"的教师在幼儿中间是极其危险的，是极可能玷污儿童灵魂的。作为园长，要上好新教师第一课，新学期第一课，新年第一课，新工资第一课乃至于新婚、新家第一课。要在第一课讲什么叫"学高为师"，什么叫"身正为范"，什么叫"一个灵魂唤醒另一个灵魂"，什么叫"物质决定意识"、"内因决定外因"，什么叫"明日复明日，明日何其多"，什么叫"一日之计在于昨晚，一年之计在于冬天，一生之计在于勤勉"，什么叫"奥斯托洛夫斯基·保尔·柯察金的名言"，什么叫"金钱如粪土，人品值千金"，什么叫"一个人为钱而来，这个人一定会为钱而去"，什么叫"钱是王八蛋，今天没有明天赚"，什么叫"夫妻之间互尊、互谅、互容、互爱"，什么叫"在摇椅里慢慢变老"，什么叫"恨不得一夜到白头"。

五是抓好老师的专业理论和技能技巧学习。激发教师的学习热情，引导教师的学习方向，指导教师的学习方法，培养教师的学习能力，大兴幼儿园学习之风，这是一个优秀园长的基本功。把自己的幼儿园打造一个爱学习、会学习、终身学习的学习型团队，幼儿园就有了希望。尤其是要重点抓好幼教理论学习，要提高教研活动质量，要激励教师做理论学习笔记，要鼓励教师发表文章以及在微信、微博上发表原创文章，要多层次、多角度举办理论研讨会，举办教师个人教育思想研讨会，要多鼓励教师写书，出版自己的专著。一个幼儿园有没有文化底蕴，有思想的家长是否选择幼儿园，一个教师是否有工作热情，能否继续干下去，没有职业倦怠，一个主要原因还是看幼儿园的专业理论学习氛围和教师个人理论素养的积淀与追求。教学方法、技能技巧很重要，检讨反思、理论升华再实践更重要。一个爱学习的幼儿园，优秀教师是愿意追随的。

六是抓好骨干教师的培养。骨干教师是幼儿园的台柱子，是幼儿园的中流砥柱，是幼儿园稳定发展的保障。有人讲，树根不动树梢摇，不要怕。骨干教师稳住了，其他教师有些风吹草动也不用过于紧张。怎么稳定骨干教师呢？常言讲，待遇留人、发展留人、培训留人、感情留人，等等。我认为，不管怎么留人，最核心的留人就是真诚地、坦诚地与骨干教师多沟通，用滚烫的心感召她、影响她，并持久地帮助她、引导她，让她有成就感、使命感、责任感、归宿感、安全感、尊严感、幸福感。我想，骨干教师会很快乐、很幸福，会为园长流泪时流泪，园长快乐时快乐。有了这样一支"幼儿园兴、我兴、我富，幼儿园衰，我耻、我穷"的同呼吸、共患难的生命共同体，具有"家庭般温暖、军队般纪律"的团队，园长剩下的就只有"落霞与孤鹜齐飞，秋水共长天一色"的惬意与浪漫了。

七是抓待遇留人。一个有思想的员工选择幼儿园，主要看四个方面。1. 幼儿园的文化；2. 幼儿园有没有晋升机会；3. 幼儿园的培训机会；4. 待遇。钱不是万能的，但没钱是万万不能的。园长也不能整天讲大道理，不食人间烟火，也要让员工实实在在地能分享幼儿园的发展成果。有人说："千留人、万留人，什么也比不上钱留人。"虽然尖锐了些，但在今天的这个社会，我们的园长要深谙其中的奥秘，幼儿园处于什么阶段，需要什么样的人才，就要拿出什么样的待遇，否则寸步难行。如果比竞争对手高于一点而又有一定的文化氛围，对人才的稳定会更好些。当然，如果有的幼儿园，为了稳定人才，实行股份制改革或"金手铐"办法，都是很好的策略。要因园、因人制宜，不要人云亦云，一定要理性、冷静地对待自己的过去、现在和未来。

此外，关于带队伍稳定员工方面，我有八条建议。

一是新教师进来之后，一定要坚持"第一次把事情做对"，一定要有系统地强化培训，动态地跟踪新教师的成长。一般来讲，一年以内的教师是最不稳定的教师。

二是要关心教师的婚姻情况。对未婚大龄青年教师要多想办法，帮其组建家庭。有了家，有了房，心也就稳了。

三是要关心教师的家庭生活，关心教师的爱人、老人、孩子，多开展多种形式的家庭派对。

四是要牢记"水至清则无鱼，人至察则无徒"，有时候园长还是糊涂一些好。

五是员工的心，幼儿园的根。园长的所有承诺一定要兑现，得人心者得天下，千万不可朝令夕改。

六是幼儿园尽量不要办成夫妻店，这种经营模式，有的教师会有心理障碍。

七是不失时机地多给员工讲"大树理论"、"竹子理论"、"我为谁工作"的故事，晓之以理，动之以情，导之以行。

八是园长部署工作，不要一味地只讲事，不讲为什么这样做，不讲问题深层次的东西。要让员工知其一，还要知其二；执其黑，还要守其白。如果园长常常只谈事，员工就成了"白开水"。

戴尔·卡耐基在《人性的弱点》中讲了一个经典故事：著名的世界魔术大师霍华·沙斯顿在舞台上风光了40年，声誉仍是如日中天。有一次，他来百老汇表演，我到后台访问了他。当我问及他成功的原因时，他回答说："第一，我懂得人性，懂得如何借助舞台的气氛，来发挥我的魅力。我的任何一个动作、表情，在我上台前，全部经过精心的设计和排演。第二，我对台下的观众，始终保持着一种真正的友善与关爱。我从不认为他们是一个肯花钱的笨蛋，只要我随便露两手，就能唬得他们目瞪口呆。相反，我很感谢他们的捧场，否则，我绝无法赖此为生。所以，我应该使出全部的绝活，来取悦那些爱护我的观众。"我们园长带队伍的真谛也不正是在此吗？我们应该向霍华·沙斯顿学习。

马拉古奇

园长与招生工作

　　每当我想起幼儿园的招生工作，心里都是一阵酸楚。酸的不是招生工作有多累，有多复杂，而是心里有一种难以言状的，像有一块石头压住心脏的感觉。每想到我们的民办园园长每月要缴水费、电费、电话费，每月要发工资，每年要缴房租、物业费、暖气费等五花八门的各项费用，钱从哪里来呢？而我们的园长绝大多数都是女性，绝大多数是师范毕业而不是商科毕业，做生意、经营管理、营销策划可不是园长的专长。白天每时每刻都关注着孩子们的室内外课堂，释放自己的教育情怀，晚上躺在床上还要琢磨着这个月的房租怎么缴，工资怎么发，银行贷款怎么还，白昼与黑夜，爱的情怀与恨的现实，一半是火焰一半是海水，在时间与空间中交错叠加，有时剪不断理还乱。想放弃的时候，看看可爱的宝宝，又有了走下去的勇气。一个人踟蹰行走的时候，想想自己的初衷。唉！仰望苍天，一声长叹，擦擦眼角的泪，还得干啊！我非常崇拜我们的园长，但更令我崇拜和敬仰的是我们的民办幼儿园园长。如果没有我们民办幼儿园园长的忍辱负重与伟大风骨，中国的教育至少还要倒退 30 年。

每想到幼儿园的招生工作，又让我想起福禄贝尔。他 1837 年就想筹建一所早教学校，在村中漫步时看到了林下的一簇簇绽放的鲜花，激发了他的灵感，这个学校的名字就叫 Kindergarten（孩子们的花园）吧。但办幼儿园的钱从哪来呢？他费尽心思，终于想出了一个妙计，采取股份制的模式吧！大家的幼儿园大家办，他奔走相告，一个个感召，不懈地路演。1840 年，人类的第一个幼儿园在德国诞生了，福禄贝尔被誉为人类幼儿教育之父。近 200 年后的今天，我们似乎清晰地看到，福禄贝尔看到幼儿园诞生的那一刻，孩子们拥抱他的那一刻，他的眼睛里流淌的热泪。

玛利亚·蒙台梭利比福禄贝尔的命运稍稍幸福了一些。1907 年，她在一个意大利圣罗伦斯最贫穷的贫民窟里给几个孩子上课，创办了人类第一个儿童之家。她虽没有福禄贝尔的四处碰壁，但儿童之家四面透风，刺骨的寒冷也让 37 岁的蒙台梭利感受到了创业的艰辛。

马拉古奇的命运与蒙台梭利有点相似。小学教师出身的马拉古奇热爱孩子，热爱教育事业。1945 年，25 岁的他在意大利瑞吉欧艾米利亚一个叫维拉塞拉的山庄，怀揣着梦想感召着农民将自己的孩子送到被纳粹抛弃的坦克、几匹马和拖拉机改造的幼儿园。他一生筚路蓝缕，伴随着儿童《其实有一百》的天籁之音，演绎着他的教育情歌。今天的瑞吉欧成了全世界学前教育工作者憧憬学习的天堂。

1923年在自己家里创办中国第一家幼稚园的陈鹤琴和1927年在农村创办第一所乡村幼儿园的陶行知，今天的我们似乎也清晰地看到两位教育圣人创业之初感召百姓进入幼儿园的苦口婆心和一腔热忱。

从福禄贝尔创办了人类第一所幼儿园开始，招生就成了园长们必须面对的重大课题。以园养园，可持续发展，成为园长创业的最低要求，也是最高追求。可是，距福禄贝尔的幼儿园近200年的今天，世界的学前教育格局早已发生了多少次的变革。在中国，公办教育与私立教育并存，政府正在加大对公办幼儿园的投入，"入园难、入园贵"解决之后正大力推进办园质量的提升，中国一、二线城市的幼儿园一平方公里有10家幼儿园扎堆屡见不鲜。家长的精神追求高了，可选择的幼儿园多了，幼儿园之间的竞争也更加残酷了。有的地方出现了"抢夺孩子"违背职业道德甚至触犯刑律的恶性事件。今天，刺刀见红的"肉搏战"似乎有点愈演愈烈之势，应当引起我们的警惕。幼儿园毕竟是塑造孩子灵魂的地方，过度地商业化是非常危险的、坚决不可取的，一定要守得住一个教育工作者的灵魂底线。

当然，作为民办幼儿园，也不能不食人间烟火，也要高度关注幼儿园的招生工作，要确保幼儿园健康可持续发展。请园长记住企业的一句名言："不盈利就是犯罪。"还有一句话，也给我们启示，就是："君子爱财，取之有道。"

园长左手抓钱，右手抓人。两手抓，两手都要硬。左手抓钱的主要任务就是抓招生，学费收入是幼儿园的主营业务收入，抓招生也是园长核心的日常工作。

幼儿园招的是孩子，而根本上讲招的是家长。选择幼儿园的不是孩子（我们剥夺了孩子的选择权利），而是家长。家长是幼儿园的上帝，是幼儿园的衣食父母，没有家长的认可，幼儿园就是无本之木、无源之水。

那么，一个家长主要从哪些方面选择一所心仪的幼儿园呢？

我认为，主要从以下八个方面：

一是方便。幼儿园一定要在社区里，为社区里的孩子服务，距社区遥远的幼儿园是很难成功的。过早的寄宿是对孩子成长不利的。家长选择幼儿园的一个首要因素就是方便送孩子、接孩子。

二是安全。幼儿园要在门卫、班车、围栏、食品、户内外活动、卫生保健等方面保障孩子的绝对安全。家长绝不会选择一个隐患四伏的幼儿园。

三是理念。也就是幼儿园的办园思想、办园目标、办园方向、办园特色、办园服务、办园管理等。幼儿园的办园理念当与家长所听到的、从书本上学到的、从自己孩子摸索到的经验体会一致时，家长就会做出一个正确的选择。如果在办园理念上未能真正打动家长，家长似懂非懂，迷迷糊糊，孩子即使入了园，也很有可能将来的沟通十分困难，工作十分被动。

四是营养，尤其是伙食质量。70%以上的家长都十分关注孩子的膳食是否科学平衡，营养是否全面，即使对幼儿园教育理念十分认可的家长也同样十分关注这方面。因此，幼儿园在吃的方面要下足功夫，千万不可从孩子嘴里赚钱。

五是课程。家长十分关注幼儿园的课程特色，有没有教材？是什么样的教材？课程系统不系统？大班课程怎么样？园本课程是什么？孩子三年 5000 个小时的学习结束后，会是什么样子？

六是教师。家长最怕的是民办园教师流动过快，班级不稳定，同时，家长也关心教师的经验、能力与学历问题。

七是硬件。幼儿园的室内外玩具是否先进、科学、完善，是否符合儿童的身心特点，硬件档次、质量怎么样？虽然这些是外表，但家长一般不会选择不注重外部形象、设施落后的幼儿园。

八是收费。如果前面七个方面家长都十分满意，收费高低已经不重要了。但如果你不能告诉家长几倍于收费额度的教育价值，家长是不会选择的。

此外，我认为做好幼儿园的招生工作，还要高度把握以下九个方面：

一是突出抓好办园理念。办园理念是幼儿园的魂。园长要深入研究自己的教育资源，深入学习研究儿童心理学、儿童教育学、儿童哲学，深入阅读蒙台梭利、马拉古奇、杜威、陈鹤琴等大家的儿童教育理论专著，是"三个深入"而不是人云亦云、浮光掠影、浅尝辄止，不系统地深耕、不融会贯通是很难提出崭新的符合自己人生观、世界观、价值观、儿童观的办园理念的。如果一味地去模仿，去拾人牙慧，恐怕捡着芝麻却丢了西瓜。鞋合不合适，自己的脚穿上才知道。《学前教育研究》杂志目前是国内最专业、最系统、最有深度、广度和厚度的理论刊物。作为园长，要多读、多看、多记录、多研究。只有形成自己的教育思想，凝练成鲜活的智慧经典，并引导教师和家长将这一理念贯穿于各个教育教学环节中，不懈地坚持，这样的幼儿园就会迎风而立，招生一定会愈来愈好，就像清华大学的"自强不息，厚德载物"，北京大学的"思想自由，兼容并包"，复旦大学的"博学而笃志，切问而近思"，就像陶行知的"生活即教育，教学做合一"，陈鹤琴的"做人，做中国人、做现代中国人"。

二是抓好市场定位。聚焦准确将事半功倍。幼儿园是低端、中端还是高端，是走普惠之路还是走高端之路，对幼儿园各种资源要有综合评估。过高会加大投资周期，过低会失去教育品质和利益。但不管怎么定位，我认为幼儿园所在的地理位置是评估定位准确与否的重要因素。

三是要大力宣传自己。幼儿园是一所学校，园长就是校长。校长是学校之魂，园长也是学校之魂，就像蔡元培之于北大，梅贻琦之于清华，张伯苓之于天大，马拉古奇之于瑞吉欧，鲁道夫·史泰纳之于华德福，陶行知之于晓庄师范，陈鹤琴之于鼓楼幼稚园。宣传自己并不是不谦虚，并不是高调，而是为了幼儿园的生存与发展、品牌内涵的丰富与传播，也为了促使自己尽快地成长，要认真、全方位地策划包装自己，适当地拔高一下也是十分必要的。向家长传递一个在孩子教育方面你是最专业的信号，就会增加家长选择幼儿园的信心。可以想象，一个没有任何儿童教育经验的园长，家长敢把孩子送给她吗？一般来讲，园长是招生工作的主要负责人，是幼儿园的一张名片，是幼儿园的形象代言人。园长具有扎实的专业素养，良好的人文底蕴，不笑不说话的温润沟通，渊博的知识，家长一定会趋之若鹜。

四是课程要有特色，要系统。无论是五大领域分科教学、主题教学，还是蒙氏课程、瑞吉欧课程，家长十分关注你的课程适不适合自己的孩子。你要明确地告诉家长，你的课程为什么适合他的孩子的道理，尤其是要告诉他入园5000个小时以后孩子在体能、动作发展、认知、语言、品质、社会性、习惯养成、自主性等方面会达到什么程度。如果你的幼儿园能为他的孩子提供一个系统的个性化课程设计方案，我想这个幼儿园一定是深受家长欢迎的高品质幼儿园。

五是要加大家长了解幼儿园的培训力度。家长对幼儿园认识了解的深度，决定他和他身边的人把孩子送来的速度。与其说幼儿园是孩子的，不如更准确地讲幼儿园是家长的，表层是孩子的，实质是家长的。因此，家长培训工作十分重要。要适时多层次举办家长课堂，开展天天都是开放日活动、优秀家长评选活动、家长义工活动等等，让家长有更多的机会走进幼儿园，沉浸在幼儿园，体验幼儿园，给家长充足的满足感、成就感、归宿感、快乐感。家长的热情一旦点燃，其能量不可想象，家长员工化是当前家长工作的一种趋势。我们都知道一句话："老王卖瓜，老乔去夸。"家长就是幼儿园的广播站，就是幼儿园的播种机，借家长的力量宣传幼儿园会取得事半功倍之效。一定要记住，我们从无数的经验得知，幼儿园100%的招生来自于家长100%口碑的传播，而家长100%口碑的传播又来自于家长对幼儿园园长、办园理念、课程特色、孩子的变化、自己在幼儿园里的成就感的体验与了解以及认可程度。

六是狠抓广告宣传。有人说，好酒不怕巷子深，这是极其错误的认识。大家都知道谎言千遍成真理的道理，幼儿园广告宣传不是有没有的问题，而是必须要做，并毫不客气地、坚定不移地、可持续地去做。当然，其中有很多科学方法。传统的户外广告、电视、广播、车体等宣传也很有必要，尤其是针对目标市场十分准确的准家长市场进行微博、微信、O2O式宣传，效果更佳。让我们记住营销大师埃德加·威森·豪尔说的："做生意没做广告，如同在黑暗中向姑娘暗送秋波，你知道你在做什么，但是对方却不知道。"

七是精心用心设计和组织好家长体验。现在营销的一个显著特点就是体验式营销。要高度重视家长入园的体验，要在预约、通知、提前一天再次确认，车辆停放、门卫接待、教师签到引领、体验前定向沟通、发放有关表格，入班或入园专属体验区体验，体验期间的观察与行动、体验后的总结沟通、离园后的追踪等方面，每个细节、每个流程都要精心设计，使家长的体验价值最大化。"随风潜入夜，润物细无声"的雨打芭蕉式体验与沟通，是招生工作最有力的武器，是锦中秘籍，一定要抓好每个细节。如果第一次家长有遗憾或不满意，就不会再有第二次了。

八是抓好家长缴费前的"确认工作"，在家长经过体验和考察之后，家长决定把孩子送过来了，这个时候千万不可草率入园，一定要一丝不苟地完成以下五个步骤。

第一步，带领家长持有关表格，再次入班观察体验。之后与家长深入沟通，并询问家长："你真的喜欢我们的幼儿园吗？""你真的想把孩子送到我们的幼儿园吗？""我真的喜欢这个幼儿园。""我真的想把孩子送到这个幼儿园。"请家长以书面的形式把这两句话抄录一遍。

第二步，请家长观看幼儿园宣传片，并向家长深入介绍幼儿园的办园理念和课程特色，耐心解答家长关心的问题，请家长进行第二次以书面的形式确认以上两句话。

第三步，请家长阅读《优秀家长公约》和《优秀家长岗位说明书》，与家长进行深入沟通，并第三次请家长书写以上两句话，进行第三次确认。

第四步，请家长阅读缴退费协议，并耐心地沟通解释，第四次请家长书写以上两句话。

第五步，办理缴费手续，并领取有关物品。

这五个步骤非常重要，一般不要省略，书面书写也是如此，要与家长深入沟通，四次确认"真的想把孩子送入这个幼儿园"。每一次的确认都是让家长进一步了解幼儿园，都是让家长感受到幼儿园的专业。

如果把好了孩子的入口这一关，幼儿园下一步的家长工作，也就打下了扎实的基础，就不会十分被动，千万不可把招生工作只限于结果的完成，而忽视过程。换句话讲，如果这个时候抓不住家长的心，恐怕就要失去最佳的引导机会。

九是注意品牌维护工作。幼儿园招生不是仅仅局限在每年的3月和7月，招生工作要贯穿全年，贯穿于教育教学日常管理当中，品牌建设工作不能冷一阵热一阵，要长年累月地不断坚持维护和发展。真正的高水平的招生竞争是品牌和品牌之间的竞争，用5~10年的时间，将自己的幼儿园打造成某个县、某个市、某个省乃至于全国的一流品牌，这才是招生工作的根本之所在。

大家知道，北京大学光华管理学院的 EMBA，清华大学经管学院的 EMBA，长江商学院的 EMBA 学费都已超过 70 万元，可为什么还有这么多人在校门口提着数百万的钱袋子徘徊进不去呢？我是十几年前读的北大光华，它的招生策略给了我深刻的印象，这是中国最有智慧的经济学家、心理学家、营销大师设计的游戏规则，想进北京大学光华管理学院读EMBA，要具备五个条件：

1. 要有经验。要有 5 年以上的高级管理经验。

2. 要有本科学历。第一学历要大学本科以上。大专学历原则上只占 3%～5%。

3. 要考试。要参加 MBA 联考，过了分数线才有希望。

4. 要有钱。考上了没有几十万至上百万的资金恐怕也只是望洋兴叹。

5. 要有同学和教授推荐函。有经验、有学历、考试过了、有钱也不行，还要有师兄、教授推荐。

好一个北大的智慧，好一个招生的心理战术。有时候，大家分明知道是个大坑，还都提着钱袋子争先恐后地往里跳，没跳进去的一个个还像丢了魂似的。

北京有一家幼儿园，十几年以来，就坚持只做一家幼儿园。幼儿园的容量就 150 个孩子，每年的春季、秋季各招生 20 个孩子。要想上它的小班，必须先上它的亲子班，但你的孩子即使上了它的亲子班，也不能保证能入它的幼儿园。每年的 6、7 月份家长像着了魔一样到处托关系也无济于事，因为孩子在人家妈妈肚子里就开始排队了，你还有什么高招吗？

如果我们的园长，都有北大光华的招生智慧，都有北京这家幼儿园的办园品质，真是阿弥陀佛，阿弥陀佛。

园长与财务管理

你知道全世界上的钱都在哪里吗？在美国，不错。那你知道美国人的钱都在哪里吗？在格林斯潘，在洛克菲勒，在 Google 的佩吉与布林，在摩根，那他们有什么联系吗？

我们马上发现，他们都是犹太人，美国人的钱都在犹太人手里。有人说，犹太人一咳嗽，全世界都感冒。全球只有 1300 多万犹太人，相当于北京 8 个区的人口，占世界人口的 0.2%，然而他们却主宰着整个世界。美国总统顾问拉宾也是犹太人，《财星》杂志记者问他："为什么犹太人能够长踞全球富豪榜？"他说："一是赚钱非可耻；二是培养金钱观；三是懂得如何分配财富。"

在犹太人眼里，生存能力是第一能力。从幼儿园就要培养孩子的生存能力，其中赚钱的能力、正确的金钱观是生存能力的最重要内容。犹太人用敲击金币的声音迎接孩子的出世，犹太人认为，"能够创造财富"当然是一种荣耀与价值，至于教育、学习，都是为了达到这个目标必须经历的过程。

有的犹太人的孩子有2个储蓄罐，他们通过劳动获得的钱一半存入家庭账户，一半存入玩具账户。玩具账户的钱，他们可以随便花，但是家庭账户的钱，每半年去银行存一次。银行账户的钱，每年年终都会交给他们的股票经纪人，鼓励孩子从幼儿时期通过劳动获取金钱，培养孩子的理财意识，又让钱去生钱。

当我们中国的孩子在幼儿园背诵《唐诗》《弟子规》和学习100以内加减法的时候，犹太人的孩子已经开始了一生的财富积累；当我们中国的孩子18岁走向社会的时候，犹太人的孩子已经开始一边读大学一边创业了；当我们中国的孩子二十几岁大学毕业找工作的时候，犹太人的孩子已经创业成为老板，走向华尔街了。

我们中国的孩子可以读《论语》，学识字，研究物理、化学、生物、百科，唯独没有学习人类生存最基本的能力，也就是赚钱、投资、理财的能力，以至于每年7、8月份的中国有一道景观：在烈日炎炎下有七八百万学子在人才市场一脸的忧郁与茫然，生命在何方？出路在何方？

我们的教育过去只重视智商的开发，近几年开始注重情商与健康的培养，唯独又忘却了财商（FQ）。我们时常说起中国教育改革的失败，其实，还有一个最重要的失败，就是在学生时期忽略了对其金钱观的培养和塑造。中国18岁以前的孩子财商几乎为零，与犹太人孩子相比我们输掉了 18 年。更令我们悲哀的是，我们一方面希望自己的孩子将来能够成为有独立经济能力的物质富翁，过上比较满意的有车、有房、受人尊敬的生活；另一方面又从孩子幼儿时期一直到 18 岁告诉他："金钱如粪土，人品值千金""不能做金钱的奴隶""钱不是万能的""钱很脏、很臭，快去洗洗手"。我们自命清高，不为五斗米折腰的片面教育理念传了一代又一代，也害了一代又一代。当今天的中国四面又处于商烟弥漫，一切以钱来说话的时候，由于我们的孩子也包括我们自己，没有做好充分的准备，显得十分被动窘迫，沉沉浮浮，在商业的风云际会中，动荡不安，飘飘忽忽。

我们的园长也是如此，我们园长绝大多数学的是儿童教育学、儿童心理学、教育管理学等，大多数的数学底子也不太好，财务基础与数字的敏感更谈不上了。有的园长，到了月底，半年和年终，看到会计报上的资产负债表、损益表、现金流量表，密密麻麻的数字，几十张的表格，脑袋一下子就大了。有的园长说："让我听多少节课都不怕，千万别让我看报表。"是啊，我们的园长真的不容易，当看到一个个可爱的宝宝时，充满着兴奋；当看到天文般的数字时，无奈与痛苦在交织。但是，哭也得看，头痛也得研究，谁让你是园长呢？你可知道另一个伟大的犹太人马克思说过的话"世界的一切都是资本"，"经济基础决定上层建筑"。幼儿园是上层建筑，你不爱它，巧妇也难做无米之炊啊！没有钱，老师们下个月的工资该怎么办呢？下一个幼儿园的开发，钱从哪里来呢？让更多的孩子享受最优质的教育梦想怎么能实现呢？

一边抓人，一边抓钱。园长每天的生活就是在人与钱纵横交错的快乐与痛苦中度过，在人与钱的平衡中成长与成熟。我要办好幼儿园，稳定生源，要多赚钱，赚了钱，更快更好地发展幼儿园，要让钱为我工作，这成为园长们内心孤独的期盼。

那么作为一个园长，怎样才能抓好幼儿园的财务管理呢？我认为，主要从以下九个方面：

一是个人要树立科学的、正确的金钱观，要高度重视幼儿园的财务工作。关于金钱观要向犹太人学习，不做金钱的奴隶，要做金钱的主人。不要为钱工作，钱要为我工作，金钱不是粪土，人品也很可贵。你不爱钱，钱不爱你；你不理财，财不理你。要主动学习财务基础管理知识，初步了解和掌握财务的预算、资金、会计处理、债务、风险控制等方面的基本能力；要尊重财务人员，要给财务人员更多的参政议政和进修学习的机会；要给财务人员使命感、责任感和成就感；要鼓励和调动全体教师关心幼儿园财务管理、开源节流、降低成本的热情；要在教师心中提高财务人员的政治地位和影响力。务必清醒地认识到园长的两条命：一条是教育生命，掌握在教学主任手里；另一条是经济生命，就掌握在会计手里。向犹太人学习，还要把幼儿园的课程体系加以调整，要深入研究犹太文化，把握犹太人教育精髓，挖掘和设计本园的财务课程，要调动家长的参与热情，这样不仅会减少幼儿园日常的消耗成本，更重要的是培养了孩子们的理财能力和正确的金钱观。有财商一点都不可耻，要有爱心多布施，激发孩子劳动的热情，通过自己的双手获得财富，向社会做公益事业，培养孩子的感恩之心。而这一切的改变，都源于园长正确的、科学的金钱观。园长不重视金钱，不会精打细算，幼儿园是很难有发展的。

教师在一线拼死拼活地工作，而由于园长的粗心和疏忽，一边是艰难地"输血"，一边是肆意地"流血"，这是极不人道的管理，也是极其愚蠢无知的管理。当然，对金钱的重视也不能走向另一个极端。在幼儿园一切都拿钱说话，金钱至上，或者对教师的管理又过度严格，超过教师的心理极限，在教师心中落个"铁公鸡"或"糖公鸡"的名声，也是极不可取的。殊不知，财散人聚，财聚人散，要想取之必先予之。同时，还请园长记住一句哲理名言："如果钱是由工作而来，那么努力工作的人应该很富有；可是很多努力工作的人并不富有，而很多清闲的人都非常富有。"

二是要抓好预算管理，锻炼自己的预算能力。大家知道，凡事预则立，不预则废。一年之计在于冬天，一生之际在于少年。衡量一所幼儿园的管理水平高低，首先就是看这所幼儿园的预算管理。预算能力强的幼儿园，一切都是那样的井然有序，有条不紊，逻辑性强；预算能力差的幼儿园，则是手忙脚乱，摁下葫芦起来瓢，急、难、新的工作天天出现，员工很累，园长更累。因此，园长要高度重视幼儿园的预算工作，要加大实行预算的力度，要建章立制，要内化为文化，要细化每个细节、每件物品的采购，要从周预算、半月预算逐步实现月预算、双月预算，同时，每学期、每学年也要做好预算工作。此外，还要做到任何一个项目的投资都要有科学的预算，要建立一套行之有效的预算讨论、研究、编制、审批、执行、复查、审计程序。

欧洲批判现实主义文学家巴尔扎克有句名言："预算不是一个钱柜，而是一个洒水器，它抽上来又洒出去的水越多，国家就越繁荣。"

我们要常常想起它深刻的内涵。

三是要严格抓好收费工作。要使用更高效的收费管理软件，及时分析、研究、部署收费工作。伙食费、保教费、体检费、保险费、服装费、被褥费、亲子班费，有的还有专业课费、租赁费等等，要做到科目规范、清晰，及时收取，坚决扼制漏收现象。要释放财务人员的手和时间，实行支付宝，POS 机或银行统一交费，让财务人员有更多的时间分析数据，研究开源节流改进措施。

四是抓好每月、每季、每半年、每年度的利润核算工作。说一千，道一万，民办幼儿园不是慈善机构，不赚钱就无法发展，利润是保证幼儿园可持续发展的基础。君子爱财，取之有道。赚钱并不可耻，贫穷才是丢人。赚取合理的利润是道德的。我们也深知马克思在《资本论》中所讲的道理："一旦有适当的利润，资本就胆大起来。如果有 10% 的利润，它就能保证到处使用；有 20% 的利润，它就活跃起来；有 50% 的利润，它就铤而走险；为了 100% 的利润，它就敢践踏一切人间法律；有 300% 的利润，它就敢犯任何罪行，甚至冒绞首的危险。"幼儿园高利润时期已经成为历史了，随着人力成本的提高，处于劳动密集型的幼儿园利润自然也就摊薄了。但是，从另一方面也要求我们的园长要严格抓好利润的管理，尽可能地在抓好教育价值最大化的同时，也追求办园利润的最大化，寻求二者的最大公约数。在抓利润管理时，要注意抓好每月的真实利润，账务处理时一定要坚持当月发生当月处理不跨月的原则，使当月的经营情况能够真实地反映出来，而不是两个月甚至半年才能有个结果。当月利润反应得越快、越真实，园长采取的对策就越愈快、愈科学，幼儿园的舵也就会调整得快。

五是抓好现金管理。幼儿园是一个现金流比较稳定的行业，这也是资本大鳄觊觎之所在。现金是幼儿园流动的"血液"，滋养着幼儿园的机体。1. 要抓好现金的财务日报，无论园长在哪里，都要高度关注这个报表。2. 要抓好现金的安全，不能短款，更不能长款，不能漏收。3. 要抓好现金的监督，不是不信任，而是因为信任才必须监督好，要组成现金监督小组，每月不定期进行抽查，要真正做到账实相符、账账相符。4. 要抓好支出与报账工作，严格执行财务制度，在规定时间报账，统一科目，便于分析。5. 要抓好月底"扎口袋"工作，每月底的最后一个工作日务必将本月的所有支出、收入、挂账等工作，全面进行核算，本月的"口袋"扎得越紧，下个月的效益与管理也就越好。

六是抓好财务分析研究工作。比微软的比尔·盖茨还有钱的真正的世界首富罗斯柴尔德说："细致的财务分析可以使企业的财务状况、发展动态和存在问题像在显微镜下一样清晰。通过财务分析，管理者可以全面、客观地评价并提高企业财务活动的业绩。"可是在实际工作中，有多少企业家真正能够静下心来，抓企业的财务分析报告呢？我们的幼儿园领域也是如此，我们忙忙碌碌往前走，可很少有时候停下脚步，回头看看走过的路，即使偶尔回头，也只是边走边回一两次头而已。我认为不重视财务分析，不仅仅是因为财务人员的能力问题，主要还是园长的重视程度和个人财务能力问题。我相信一个健康发展、有智慧的幼儿园，一定是一个财务分析能力强大的幼儿园。

我认为幼儿园的财务分析,要重点抓好可变成本的分析,对于房租、暖气费、物业费等不变成本作一般分析即可,而对工资、伙食、水费、电费、电话费、交通费、保险费、维护维修费、广告宣传费、公共关系费等都要认真地、深层次地分析研究,尤其是在人力成本方面,更要一丝不苟。随着经济的发展,现在人才成本愈来愈高,如何降低管理成本,成了一个重大课题。有人讲,干毛巾都能拧出水来,在幼儿园用人方面的水分还是很大的,要下真功夫,整合资源,大力合并同类项,要一专多能,不要再打人海战术。千万记住,从教育的本质来看,老师越多,越容易越俎代庖,孩子越笨,发展越慢,我们又何乐而不为呢?当然,节流的方面还有很多方面、很多策略。

七是不可忽视审计工作。不管幼儿园是夫妻店,还是合作制幼儿园,我认为都要加强审计工作。1. 要对重要岗位离职的人员进行离职审计,按照有关程序方可离职。2. 要对常规财务工作进行半年、一年或对收费、报销等专项工作进行审计。3. 要定期召开审计会议,研究幼儿园的财务、资产等方面工作,对审计出现的问题进行整改。4. 要做好幼儿园一年一度的年检工作准备。一个幼儿园的管理是否成熟,主要看财务审计工作质量如何。优质课评选、经济责任目标、督导检查、审计是幼儿园日常管理四把最重要的尺子。

八是重视幼儿园的财务风险控制工作。美国作家爱默生说:"要生活就得担风险。"企业管理中也流行一句话:"不要控制失败的风险,而应控制失败的成本。"这个世界上不可能存在没有一点风险的地方和事情,幼儿园存在一天,我们的风险就会有一天。风险不仅仅来自于孩子的安全、教育方面,还有一个重要的方面,就是财务的风险。在这方面，园长也要高度重视，要三个月或半年召开一次风控会，即对幼儿园的财务乃至面临的各种形势加以深入研究，尤其要对幼儿园的融资成本、财务管理领域重点分析，要寻求幼儿园的最佳商业发展模式。

九是重视个人的理财。除了做好幼儿园的理财之外，园长还要重视个人乃至家庭的理财。常言道："你不理财，财不理你。"我不否认我们园长的灵魂有多么高尚，但我们也要享受生命带来的快乐。我们不能成为金钱的奴隶，也不能成为工作的奴隶，也要在20岁、30岁的时候计划好自己50岁、60岁以后的生活。事业做多大，都有休息的那一天，休息后的生活质量如何，取决于你30岁、40岁左右的设计，尤其是理财的设计。向犹太人的孩子学习吧！两个储蓄罐，一个随时可花，一个钱生钱未来花。幼儿园做得再大再好，也要有个备胎，不能把所有的鸡蛋放在同一个筐子里。

大家还记得罗伯特·清崎的《富爸爸穷爸爸》吗？书中的穷爸爸、富爸爸都是聪明能干的人，但两人对金钱、财务、职业、事业的看法却大相径庭，最终决定了穷爸爸终生为财务问题困扰，而富爸爸身后留下了数千万美元的巨额财产。建议大家再读一下这本书，我们很快就会发现穷园长与富园长的区别了。

园长与家长工作

美国有一家周刊，针对全世界 100 个大企业的退休 CEO 做过一次问卷调查，其中有一个问题是："如果人生可以重新来过，你会希望什么是你绝对不能错过的？"这 100 个 CEO 的前 10 个做出同样的回答："如果人生可以重来，我一定不放过陪伴孩子一起成长。"在这些叱咤风云于世界、富可敌国的 CEO 眼里，没有比与自己的孩子在一起更重要的事情了，没有陪自己的孩子一起成长，是人生最大的遗憾。

的确，我们常常以所谓的事业忙碌为借口，掩盖我们内心的狭隘与自私，忽视了孩子和家庭，以至于"人生为什么而出发的初衷"早已忘得干干净净。

令我们欣慰的是，今天我们的灵魂逐步开始苏醒，把孩子抱在怀里，听宝宝"爸爸去哪儿"可爱的声音，与宝宝一起数点满天繁星，在山谷里看盛开的蒲公英，捉蟋蟀，抓蜻蜓，寻找萤火虫……人生本该如此，生命本该如此，孩子的教育本该如此。

家庭是孩子的第一所学校，父母是孩子的第一任老师。对孩子来说，父亲是一座山，母亲是一池水。孩子从妈妈的子宫里走出来，又回到了爸爸的"子宫"、家庭环境的"子宫"。家庭教育是孩子一生成长的源头，是根部，是一切后天教育的根本，是"培根教育"。

可是，我们的园长又有多少知道这个培根教育的"精神胚胎"在儿童时期有多大的价值，占多大的比重，有多大的影响力呢？由于我们有的园长没有把握清楚这个问题，以至于我们在日常管理中，尤其是在与家长的沟通有分歧的时候，没有正确的理念支持，要么被家长折磨得体无完肤，精神恍惚；要么又把家长奉若神明，五体投地地供奉；要么不知所措，无可奈何，无所适从。搞不清楚幼儿园与家庭是什么样的关系，搞不清楚幼儿在幼儿园的教育与父母之间的教育有什么样的联系，我们是无法做好家长工作的。我们现在相当一部分的幼儿园家长工作理念是错误的，是偏离教育方向的，是本末倒置的。我们园长有时候操的心是不应该的，是没有价值的，甚至于是误人子弟的。

苏霍姆林斯基说："儿童教育比如一块大理石，要把这块大理石塑造成雕塑，要六位雕塑家完成。一是家庭，二是学校，三是儿童所在的集体，四是儿童本人，五是书籍，六是偶然出现的因素。"

美国心理学家戴维斯教授对近千名成功人士和失败者进行跟踪

研究，他的调查研究结果表明：人生的成功与失败都直接与家庭教育有关，因为家庭是教育孩子的最重要场所，父母是孩子最好的老师，他们对孩子的成长起着决定性的作用。

大家还记得 2012 年瑞典诺贝尔文学奖颁奖的盛况吗？莫言在 40 分钟的颁奖演讲中，全篇就讲了一个故事，一个儿子与母亲的故事。莫言不吝笔墨、意味深长地讲述自己的母亲，朴实无华的言语中流淌着对母亲浓浓的想念与情意。他的演讲赢得了经久不息的掌声。作为教育工作者的我们也分明从他的演讲中感受到莫言母亲母爱的伟大，感受到是莫言良好的家庭教育，尤其是母亲对莫言善良、真实人格的培养，才成就了他的诺贝尔文学之路。

人们常讲："三岁决定一生。"准确地讲，是三岁时期，孩子建立与形成的良好的卫生习惯、生活习惯、礼貌习惯、动物归原的秩序习惯、开朗的性格、快乐、真实、善良的品德和良好的意志力、专注力品质等方面的格物致知决定其一生，也正是人们常讲的习惯决定性格，性格决定命运。让我们教育工作者关注的是这个"三岁决定一生"，"习惯决定命运"等品德的形成是在家庭教育中建立起来的，是在幼儿园的教育环境中逐步树立起来的。任何一种教育都不可能代替和抹杀家庭教育在人一生中人格形成的决定地位。"子不教，父之过；教不严，师之惰"讲的就是这个道理。

那么，家庭教育和学校教育到底哪个重要呢？研究表明，孩子 6 岁之前，家庭教育是唯一的指导力量；6～12 岁进入小学时期，家庭教育与学校教育的比重相同；12 岁以后，对一个住校的孩子来讲，学校教育的比重要大于家庭教育。研究进一步表明，在塑造人格、个性方面，家庭教育比较重要；在专业知识、技能学习方面，学校教育比较重要。

因此，6岁之前孩子人格形成的主导力量还是在家庭，在父母。幼儿园是以游戏为主，不是相对来讲传授知识和技能的小学、初中。幼儿园是家庭教育的一种延伸和补充，正像蒙台梭利所讲在幼儿园里教师与幼儿之间的关系，教师是幼儿学习的观察者、引导者和激发者，是幼儿学习材料的提供者。在幼儿园里，教师更多地根据幼儿的发展个性和成长规律，在家庭教育的基础上进行研究儿童，制订成长方案，补充家庭教育的不足，创设有利于幼儿身心发展的教育环境。幼儿园更像是一个发酵罐，能发酵出什么质量的酵素，取决于你放进去的水果品质。教育实践家王金战也多次呼吁："**影响孩子成绩的主要因素不是学校，而是家庭。**"如果家庭教育出了问题，孩子在学校就可能过得比较辛苦，孩子很可能会成为学校的"问题儿童"。所以，幼儿家长不能把孩子送到幼儿园就什么都不管不问了，一切都拜托给老师了，不能动不动对教育教学不满意就与园长纠结。三年下来，爸爸没开过一次家长会，没和老师面对面、一对一沟通过一次等等，这些都是不负责任的家长。幼儿园是验证孩子家庭教育成果的地方，是进一步补充和完善家庭教育成果的加油站和催化剂，改变孩子不是从幼儿园开始而是从改变爸爸妈妈开始。塑造孩子高贵的品德和健全人格不是在幼儿园，而是在家庭。

我丝毫没有夸大家庭教育的重要而贬低幼儿园教育的意图，我只是想告诉我们今天的园长，不要活得太累，做我们幼儿园该做之事，不要什么都大包大揽，抓住了幼儿园教育的源头，就会出教育的"大河奔流"之势,事半功倍之效,再也不会在刁蛮的家长面前唯唯诺诺,甚至于卑躬屈膝。有时候,我常说:"幼儿园工作就是家长工作,与其说幼儿园是孩子的乐园,不如说是家长通过孩子精神洗礼的乐园。"让幼儿园开放化,让家长员工化,让家园联动化,就是基于此。

有了这个认识,关于家长工作,我有八个方面的建议。

一是坚持办园开放化、生活化、一体化,而不是所谓的国际化。美国、英国等发达国家的一些大学、中学乃至于小学都没有围墙,幼儿园多数都在写字楼里或社区住宅里,虽有钢筋加水泥,但我认为园长心中是没有樊篱的。陶行知说要对孩子"六个解放",我认为园长也要"六个解放",即:解放自己的心,与世界接轨,换孩子的心,感染家长的心;解放自己的大脑,打碎一切旧的思维,与孩子、与家长、与能调动的一切资源整合、碰撞和创新;解放自己的眼,与家长、孩子一起遥望星空,穿越时空上下五千年,纵横几万里;解放自己的耳朵,闭上双眼,聆听孩子来自天籁的呼唤,倾听家长关乎天、关乎地、关乎自己孩子的唠叨与倾诉;解放自己的时间,不要天天上班,有时候停下脚步就是最大的进步,有时候少就是多,慢就是快;解放自己的空间,让心和身一起游于世界之巅,跳出幼儿园才得幼儿园。坚持办园要生活化,要靠近孩子们的生活,紧紧围绕着孩子们的衣、食、住、行、玩开设课程,真正把幼儿园打造成为孩子的第二个家。坚持办园要实现家园共建一体化,家长的力量是伟大的,是难以估量的,一旦被激活,俨然一座火山喷薄而出。家长有成就感、幸福感,孩子有骄傲感、光荣感,幼儿教师还有空间感,幼儿园里还有口碑的传播、管理成本的降低,这是多么好的举措。所以,我大力向园长建议，要感召家长多走进幼儿园，争做义工。幼儿园能做的事情，能发动家长帮助解决的都调动起来，能让孩子与家长一起忙碌起来的，一起干的都一起干，其乐融融。如果能坚持半年、一年，幼儿园就会发生颠覆性的变化。

二是要坚持做好家长入园时的家长体验和理念传播工作。把好"进口关"，这是幼儿园家长工作最重要的一步，千万不可忽视，此环节若忽视，家长工作一定会被动。一般来讲，我们的家长分三种类型：一类是有责任心又懂幼儿教育规律的家长；一类是没有责任心但又懂些教育规律的家长；一类是既没责任心又不懂教育规律的家长。在入园时，我们要科学地分析，有的幼儿园在家长办入园手续前先做一份家长测试卷，也是十分可取之举。有一个卷子试题为："如果你的孩子在幼儿园里，不小心胳膊划破了，在医院里缝了两针，你怎么看？"家长的回答五花八门。还有一道："孩子放学后，你问孩子的第一句话是：A. 今天吃了什么？ B. 今天学了什么？ C. 今天老师表扬你了吗？ D. 今天开心吗？ E. 今天提问题了吗？ F. 今天提了几个问题？ G. 今天提的什么问题啊？"一滴水都能折射出太阳的光辉，园长由此来分析、判断这个家长是什么类型的，是要还是不要，对那些严重歧视幼儿教师和幼儿园的，与幼儿园教育理念背道而驰又难以改变的，园长就拒绝入园。对那些具备入园的，经过这次测试，也是一次对幼儿园教育理念的深入学习，下一步会更好地配合幼儿园。因此，做好幼儿入园的第一关是十分必要的，这一关做得好，幼儿园的家长工作就会十分主动和轻松。

三是一定要精心筹划、组织实施好新生家长会。这是做好家长工作重要的第二关。有的幼儿园对新生家长会重视不够，对新宝宝研究不够，会议文字材料、PPT材料准备不充分，会议细节、时间、程序、互动性及会后的联动都安排得不妥，以至于有的家长一开始就质疑幼儿园的管理，埋下了被动的种子。有的幼儿园，坚持第一次就把事情做对的原则，精心设计每个细节，360度封闭式筹划，尤其是家长关心自己孩子的生理、心理和多元智能的分析以及采取的课程设计，家长看得更是专心致志，拍手称好。所以，第一次新生家长会是幼儿园品牌宣传的最好机会，是提高教师和幼儿园形象的最佳时机，会出现事半功倍之效。园长要用心手把手地、一对一地抓好这项工作，不能大撒把，尤其是对三年以内的新班长、新教师。

四是高度重视家访工作，尤其是对新生的家访工作。家访工作是幼儿园管理的日常工作，一学期不少于一次家访是幼儿园的常规要求。有的园长对此十分重视，有的则不以为然。其实，这是一项非常有意义、有教育价值、有极大宣传效果的工作。建议教师家访前要做好充分的准备，要认真分析研究孩子的生理、心理特点并形成书面材料带着与家长沟通，要给孩子带一件小礼物，要给家长带一份具有教育价值的经典文章，要与家长提前三天预约，等等。每一个环节都要用心设计，而不是说去就去，要给家长一个为了他的宝宝而辛苦准备又专业细致的感觉，让家长感动，家长才会更加积极地配合。

五是坚持组织好家长委员会工作。家长委员会是幼儿园家长工作的一个重要内容，也要高度重视，不要形同虚设。要善于发现优秀的、有独立思考能力的、德高望重的家长，并将其吸纳到家长委员会，让他们发挥聪明才智，幼儿园的各项工作会更加顺风顺水，要真正深谙"老王卖瓜，老乔去夸"的道理。

六是要大力办好家长课堂。幼儿园工作就是家长工作。作为一个园长，不仅要有培养教师带领教师队伍的能力，还要有培养和引导家长并带领这支形散而神不散的家长队伍的能力。这种能力是极具挑战性的，但也是园长必须面对的，并且必须马上去实施的，也是园长成为一个幼儿教育家所追求和担当的。园长要充分利用周末和其他闲暇时间，整合家长资源，系统研发家长课堂课程，有计划、有步骤地积极推进。课程内容要丰富，实施办法要人文，课堂效果要评估，学习成果与孩子学习要双显。家长家庭教育思想进步了，幼儿就会更加快乐，幼儿园就会更加健康地发展。

七是坚持办好"天天开放日"活动。有不少家长十分想了解孩子在幼儿园具体的生活学习情况，可是以往的一月一次开放日活动根本满足不了家长的要求，实行"天天开放日"活动是一项很好的体验型联动活动。班长在学期初将本学期的家长开放日配档表发至家长，家长按计划入园体验，体验一般要有六个环节：1. 领表格，进行15分钟培训。2. 换服装，进班观察。3. 给孩子讲一个故事或做一个游戏。4. 帮助班里做一项班务工作。5. 填写体验表格。6. 与班长、教研主任反馈沟通等。日积月累，家长对幼儿园的了解就会更加深刻，更加坚定他把孩子送过来的正确选择，也会不遗余力地去感召其他伙伴选择这所幼儿园。

八是做好家长约谈工作。约谈工作是最能体现园长办园家长工作理念的内容，我们有的园长比较担心家长找事，有的见了有意见的家长也是唯命是从，以所谓的服务、服务、再服务要求自己，结果导致有的家长愈发有恃无恐。这样的"服务"是十分可怕的，园长会很累，很累。真正的服务不是家长找上门来，而是请家长到门上，变被动为主动，对那些日常教育教学中有体弱、多病、多动等特点的孩子家长，对那些常常送孩子迟到、晚接、不开家长会、长期不能陪孩子的家长，要毫不客气地请上门来谈话，一起研究解决问题。对有些严重问题，园长就要严肃批评，坚信一个原则：只要为了他的孩子好，家长还是十分愿意接受园长的教育建议的。

此外，幼儿园家长工作在教学成果展、优秀家长评选、微信朋友圈、大型活动配合、读书会、外出游学等方面也是很好的工作渠道，也十分值得借鉴。

教育实践家王金战老师说："人生不是'三十而立'，而是'三岁'而立。"这是多么振聋发聩！"三岁而立"立什么呢？我们的家长明白了吗？我们帮助家长明白了吗？我们自己明白了吗？

有教育专家指出："父母是一份职业性很强的工作，可是我们很多父母都不专业。"我建议我们园长家长工作的突破口就是向德国的幼儿园学习，建立一份自己园的《62条妈妈岗位说明书》。

园长与常规管理工作

　　大家知道"75116"这个数字吗？如果你知道，你是真的了不起；如果你不知道，也请你要记住，这个数字对我们园长的常规管理工作太有启示了。"75116"就是指解放军士兵听到"齐步走"的口令迈出左腿后，每一步的步幅为75厘米，每分钟的步频为116步。你知道天安门国旗班国旗卫士从金水桥到国旗杆需要走多少步吗？138步，就是138步。不是一步能不能多、能不能少的问题，而是一厘米能不能多、能不能少的问题。大家应该知道这些名字吧：柳传志、张瑞敏、王石、任正非、宁高宁、王健林，以及美国的麦当劳、肯德基、沃尔玛。他们都有一个交集，都是行伍出身或企业创始人行伍出身。这些行伍出身的企业家，以军人的、独特的思维方式和行为方式改变了当代的商业习惯，推动和影响了世界企业乃至生活秩序的建立。著名学者张建华说："我们梳理现代企业管理100余年的历史就会发现，对管理贡献最大的不是企业家，不是商学院，而是军队、学校。"在美国，最大最优秀的商学院不是哈佛，不是斯坦福，而是西点军校。二战以来，西点军校培养出来的董事长有1000多名，副董事长有2000多名，总裁有5000多名。是的，军队是世界上最强大的组织，最无坚不摧的团队，它是国魂，在中国、在美国、在德国都是如此。从军队大熔炉里走出来的企业家都演绎着呼风唤雨式的传奇，为什么如此？为什么行伍出身的企业家更容易成功？显而易见，他们实现了无性繁殖，企业制度、企业行为、企业文化、企业的一砖一瓦、一枝一叶、一草一木都镌刻着军队般的秩序。英国的政治家伯克说："良好的秩序是一切美好事物的基础。"日本的大企业家稻盛和夫说："我们要用基本的道理，平衡着花样翻新的现象。"这个基本的道理是什么？就是管理的常规，企业的秩序。蒙台梭利告诉我们："生命的纪律是秩序，智力的纪律是专注，行为的纪律是顺从。"可见，秩序的建设与形成对一个人、一个幼儿园、一个企业，乃至一个国家、一个民族是多么重要。

记得几年前，我到新加坡创意源幼儿园访问，给我留下永远难以忘怀的印象。这家幼儿园有1000多平方米，有150个孩子、19位教师。令我好奇的是，这150个孩子全部集中在这个1000多平方米的大厅里，大厅没有钢筋加水泥的隔断，也没有大大小小的房间，只有矮矮的1米左右的柜子隔开的各类区角。孩子们怎么上课呢？上课不会乱吗？园长说："不用担心，孩子的声音是有'阀门'的，要培养孩子的自我控制意识，声音有大、中、小之分，培养孩子轻轻地说话，轻轻地走动，注意其他同学感受，不要影响其他同学上课。"呜呼！心在颤动。一个小小的1000多平方米的幼儿园不得不让我联想到，一个电影院、一个大剧场、一个大操场、一列火车上、一架飞机上、莱茵河畔的咖啡厅里、法国的香榭丽舍大街上，根据所听声音的高低就知道谁是中国了。

幼儿园的常规建设与秩序的形成，对一个人人格的形成和一个国家民族的尊严是多么重要啊！去年5月，我与新疆、河北、四川的十几位幼教同仁考察欧洲的学前教育。在法兰克福自由行的时候，随行的同仁一个个都扑向了超市，有的刷了几千元，有的还甚至刷了几万元，大包袱小行李都装满了。大家买的都是同样一个东西，就是德国的双立人、WMF和古锐德的刀。我不由得惊叹，德国幼儿园的精细与严谨，德国妈妈的《岗位说明书》，在双立人、WMF和古锐德上就看到了。我不由地想起一件事情：在德国，一个小学生画一条1厘米长的直线，老师就会用尺子测量、检查。如果只划了0.9厘米，老师就会让他重画，严格画到1厘米为止。呆板的教育、呆板的严谨精细成了宝马、奔驰、奥迪和足球，以及默克尔与李克强握手时的从容与自信。

我的家乡山东济宁有一座百年老楼，这座楼曾经是100多年前济宁城区最高的楼，也是我离开学校创业的根据地，就是潘家大楼。这座楼有一个特点，就是楼的墙主体很厚，约1米左右，非常厚实、牢固。饱经沧桑的百年老楼至今屹立完好无损，实在是个奇迹。据说，这座楼的主人为打造百年基业，在打地基时，在夯的上面空间支起一个三脚架，在架的下面吊起一个袋子，袋子里装的是铜钱。4个农民打夯时，如果能够把铜钱震下来，钱就归他们4个人所有，打夯的农民们使出浑身解数把夯抬得高高的。农民有了钱，大楼则有了百年。南朝宋史学家范晔在《后汉书·郭太传》中说："增高基下，虽得必失。"这不正是从反面说明这个道理吗？高耸的大墙，其基础却十分低矮，这样的墙虽然建成了，也一定会倒塌。庄子在《逍遥游》中也说："水之积也不厚，则其负大舟也无力。"水积蓄得不深厚，就没有负载大船的力量。可见，夯实基础，多么重要，真是应了一句：基础不牢，地动山摇。

幼儿教育、幼儿园管理也是如此。

孔子说："少若成天性，习惯成自然。"陈鹤琴说："习惯养得好，终身受其益；习惯养得不好，终身受其累。"叶圣陶说得更直截了当："教育就是培养良好的行为习惯。"陶行知在《创设乡村幼稚园宣言书》中说："从福禄贝尔发明幼儿园以来，世人渐渐觉得幼儿教育之重要；从蒙台梭利毕生研究幼儿教育以来，世人渐渐觉得幼稚园教育之效力；从小学注意比较家庭送来的与幼稚园升来的学生性质，世人乃渐渐觉得幼儿教育实为人生之基，不可不趁早给他建立得稳。儿童学者告诉我们凡人生之所需之重要习惯、倾向、态度多半可以在6岁以前培养成功。"三岁决定一生，就是三岁时良好的习惯决定其一生，由此可见一般。

那么，幼儿园的常规工作到底怎么抓呢？我有八个建议。

一是建立园长自己的常规为首要任务。"其身正，不令则行；其身不正，虽令不从。"榜样的力量是无穷的，火车跑得快，全靠车头带。

从无数的经验证明，园长严于律己，幼儿园的常规会很好。凡是要求别人马列主义、要求自己自由主义的园长，幼儿园的常规形同虚设，只是花架子而已。制定游戏规则的是园长，而第一个破坏游戏规则的不是孩子，也不是老师，往往是园长自己。作为一个园长，有责任心、有使命感的园长，无论是合作制、家庭式、大机构，还是作坊式，都要率先垂范，正人先正己，做出表率和示范，而且德要配位。在真实、善良、高尚的道德方面树立楷模，这样幼儿园的常规才能成为有本之木、有源之水。否则，言行不一，说一套做一套，失去的不仅仅是人心，而且还会失去自己的江山以及自己对儿童道德秩序树立的良知。

二是要把园级领导班子常规放在重要任务来抓。打铁还需自身硬，幼儿园常规怎么样要先看看幼儿园领导班子常规怎么样。如果开全体教师会，教学主任迟到，后勤主任早退，保健主任玩手机；如果外出工会活动不让带家属，园长带了孩子，主任带了爱人，这个幼儿园是没有规矩可谈了，不用再看这个幼儿园的孩子们了。上梁不正下梁歪，这是千年以来的深刻道理。学习园长好榜样，学习班子好榜样，幼儿园就会成为榜样幼儿园，孩子们就会成为榜样儿童。

三是要抓好会议及大型活动的常规。园长管理离不开会议的组织召开，幼儿园的活力表现离不开运动会、六一节等大型活动的组织实施。我常讲："一个不会组织会议的园长不是一个好园长，一所不会组织大型活动的幼儿园是一所没有生命活力、没有生机的幼儿园。"事实上，有的园长在会议组织方面严格按照"九段秘书"管理法，从会前物质准备、文字材料准备，到会中各个细节安排、议程、时间把控，到会后检查、跟踪、督导、落实，可以说环环相扣，层层紧密，会议的360度管理法严格有序，效率极高。有的园长，开会前不备课，没做好充分准备，匆忙开会；开会时不着边际，抓不住问题要害，隔靴搔痒；会后也不检查落实。有的幼儿园组织大型活动，家长车辆停放没有人管，家长座区设置混乱，孩子一出现，场区秩序已无法控制，等等。这些行为习惯和操作规则都是幼儿园的常规，也要高度重视，尤其是举行有家长和社会人员参加观摩的会议和活动时，更要以时间为线索，以五分钟或一分钟为一个单位，以步步为营式倒逼法研究，部署、把控各个细节。搞活动给幼儿园加分的可以做，凡是减分、评分的活动，与其搞形式主义，还不如不做。

四是抓好教师队伍的常规建设。教师是幼儿园的灵魂，是幼儿园的核心竞争力，师资水平高低直接决定幼儿园的兴衰和孩子受教育的质量。在常规方面，要下真功夫，夯实教师的备课、上课、说课、反思、听课、教研、班级管理、家长工作、个人形象等方面，不在于制度多少，而在于落实多少，夯实多少，提升多少。

五是抓好幼儿园的卫生常规工作。我们去参观一所幼儿园，看幼儿园的办园水平，根本不需要进班去听课、看孩子，就在大门口一站，映入眼帘的传达室人员形象、大门的卫生、花草树木的修剪、宣传栏的张贴与设计、耳朵听到的音乐、鼻子里嗅到的气味，就足以判断幼儿园处于什么水平了。尤其是幼儿园的传达室，户外环境，走廊的门、窗、地板、墙面、饰品、沙发、灯、环保材料，厕所的便池和抽纸、镜子以及儿童盥洗室的杯架、毛巾等等，要有精细的管理，这是基础的基础，常规的常规。一个幼儿园的卫生环境没有保障，这所幼儿园的孩子出勤率一定低，手足口病一定多。对此，园长要高度重视。

六是要抓好孩子的常规工作。孩子的常规要突出抓好卫生、上课、学习、礼仪、生活方面的常规建设与形成。其中，要注意培养孩子们的礼仪习惯。一所幼儿园的常规如何，从孩子的精、气、神上就能感受到。尤其是我们进班参观看见小朋友时，有的幼儿园的孩子，看见了谁就大声打招呼："客人好！"其他小朋友听见话，也会随声招呼。而有的幼儿园的小朋友，或许是专心致志，或许是根本没有这个常规，客人就像空气一样，熟视无睹。这些小朋友既不给会心的微笑，也没有礼貌的问候，甚至于有的老师见了客人或不知所措，或自己忙自己的。这些礼仪的常规，我们园长要高度重视。人格的形成，办园风格的形成，是一点一滴砌积累的。

七是要重视家长常规工作的建设。有时我们忽视了这方面，干部、教师、孩子、家长这四大方面的常规都十分重要，要四位一体，缺一不可。开家长会，家长迟到，手机有铃声，窃窃私语，蓬头垢面；重要晚会，不着礼服和正装；早上送孩子常常迟到两三分钟，晚上接孩子常常晚接 20 分钟；家园联系册不看不回；家长会从来不参加，等等；这些现象在我们身边常常看到。其实，幼儿园工作就是家长工作，幼儿园常规建设就是家长常规建设。作为园长，要大胆地向家长提出要求，要锻炼自己培养和引导家长的能力。从某种程度上来说，家长常规水平的高低决定孩子的常规水平，决定幼儿园的办园水平。

八是要充分把握好建立常规的八个最佳时机。过去讲，新媳妇进门，婆婆要先立几个规矩。我们也常说，第一次就要把事情做对。幼儿园常规建设有八个最佳时机：1. 新学期。新学期第一课就是立规矩课、讲习惯课，若立不好，一般来讲，每年的 3 月、9 月出现磕、碰、伤就会增多。2. 新教师。新教师第一课也是讲人生第一课，讲职业素养、讲幼儿园规矩课。3. 新班级。新班级第一课就是强调新班级的资产、安全、会议、孩子状况、如何做一个优秀班级，让新班长工作有方向、有标准。4. 新孩子。就是跟新入园的宝宝见面，观察了解新宝宝的生活、卫生习惯，并制订新的方案，协助教师推进孩子的衣、食、住、睡、行、上课、玩等方面的常规工作建设。5. 新家长。就是全力筹备好新生家长会，上好家长第一课，与家长达成共识，让家长了解怎样做一个优秀的家长。6. 新环境。凡是孩子或教师进入了一个新班或外出进入陌生的地方，都要讲好要求，如果不定向，就会留下安全隐患。7. 新活动。幼儿园常常开展一些有创意的新活动，开展此类活动时，一定要细了再细，动员了再动员，讲了再讲，要确保每个环节、每个细节、每件物品和每个人员都落实到位。一般来讲，新活动没有经验，问题最容易出现。8. 新制度。幼儿园出台了新的标准和新的制度要求，园长要狠抓第一个月的落实，直至烂熟于心，形成园所文化。

此外，在幼儿园的班车、门卫、食堂、孩子的听、说、写、读、做、视、听、嗅、味、触等方面都要建立常规，精细化管理是幼儿园升级改造的趋势。将常规细致化、具体化并落实到位，也是幼儿园改革的方向。常规做不好，整天想创意，只能给幼儿园带来躁动与不安。"整理、整顿、清扫、清洁、素养、安全"的 6S 管理法是很好的一个系统建设常规的工具，我们的园长可以此为总抓手，发现一个问题，规范一种行为，建立一个标准，形成一种制度，打造自己幼儿园的升级版。简单的事情重复做，我们就是专家；重复的事情用心做、坚持做，我们就是赢家。

当然，我们不能搞形而上学，常规就是每天、每周、每月、每年常常要做的工作标准和做人、做事的基本规范和准则。我们不能说一所幼儿园常规很好，就是太严，没有孩子们的自由了，太束缚孩子们了，扼杀孩子们的想象力了，这不是一所常规真正好的幼儿园。在这方面，英国犹太人政治家迪斯雷利说："**不受舵盘支配的船注定会受礁石的支配。**"捷克教育家、哲学家夸美纽斯说："**学校没有纪律，便如磨坊里没有水。**"因此，我们也应该明白，固然常规重要，儿童的自由想象力更重要。我们需要坚持的唯一原则就是，一切的行为都要遵循儿童的发展规律和尊重儿童的成长个性。

有一个趋势，我们要知道，现在无论是工业、商业、农业、信息业都在大力研究、开发和推进"互联网+"，中国经济正在并将进入一个崭新的"互联网+"时代。

有一个趋势，我们也要知道，中国幼儿园的改革也正在掀起"1+X"的发展浪潮，走个性化特色办园之路，这是历史的必然、教育的必然。

但我们更应该知道，无论是"互联网+"，还是"1+X"，这个"互联网"和这个"1"是一切改革的根本。皮之不存，毛将焉附？

还是让我们记住我们的老祖宗老子的《道德经》中的经典吧："合抱之木，生于毫末；九层之台，起于垒土；千里之行，始于足下。"

鲁道夫·史代纳

投资篇

你真的想办幼儿园吗？

如果你真的想办幼儿园，并且经过彻夜难眠的深思熟虑了，这是件非常好的事情。我真的祝福你，恭喜你，并由衷地敬佩你。你在所有朋友们心目中的形象一夜之间就会高大起来，并且，我坚信你的生活从决定真的要办幼儿园的那一刻起，就彻底改变了。你发生了根本的变化，你对未来充满了信心，充满了力量和活力。你无论出于什么动机举办幼儿园，都会赢得社会的尊重和人们的敬仰。你是一个十分了不起的人，是一个充满人格魅力和有着高尚品德的人。如果说，幼儿老师是太阳底下最高尚的人，那么你就是太阳底下为高尚之人奠基的厚德之人。

至 2013 年，全国共有幼儿园 19.86 万所，全国学前三年毛入园率达到 67.5%。民办幼儿园发挥着无可替代的作用，占到 65% 左右。中国幼儿入园率在全世界是偏低的，幼儿园办园质量参差不齐，老百姓的需求愈来愈高，急需一些收费合理、办园品质高的幼儿园。

不过，如果你真的想办幼儿园，我建议你还要做六个方面的准备工作：

1. 一定要反复多次问自己七句话：我是谁？我来自哪里？我现在在哪里？我想去哪里？我怎么去？我跟谁去？谁跟我去？对这七句话要认真深入思考，每一句话都要找到答案。如果暂时没找到答案，或者答案不明确，我建议暂时不要投资。什么时候搞明白了，讲给别人让别人听明白了，再投资也不迟，千万不可糊里糊涂地投资。选择真的比努力重要，有时停下来什么都不做也是最好的进步。

2. 一定要反复问一下自己，我真的喜欢孩子吗？幼儿园的全部世界就是孩子，孩子就是一切。这个世界上什么人做什么事情，上天似乎都有安排，做自己最有兴趣的事情，人生才有意义。因为幼儿园都是 6 岁以下的孩子，在幼儿园里，孩子磕、碰、伤、感冒发烧，小朋友之间吵闹甚至打架，是常见的事。手足口病等病情预防也是棘手的事情；更有甚者，因教师职业素质低，违背职业素养的事情出现也让你常常不安；再甚者，恶性安全事故一旦发生还面临着承担法律责任的风险，等等。你如果对这些没有心理准备，没有比较系统的了解，对幼儿的日常生活与行为还没有比较系统的分析，最好暂时不要投资。投资幼儿园最大的风险就是在孩子的安全防范方面。

3. 一定要反复问自己，我办幼儿园的动力到底是什么？有的人是为名，认为办幼儿园很受人尊敬。殊不知，办了才知道幼儿园这么难管、难经营。有的人是为利，认为当前经济环境复杂多变，大家都认为孩子的钱好赚，幼儿园比较稳定。殊不知，办了才知道幼儿园赚的钱真的是精打细算，用心经营才能有所利润，一般也需要5~8年收回投资。有的人是为事业，认为与纯真无邪的孩子在一起很幸福，很快乐，把爱传出去，点燃孩子成长的火种，照亮社会前进的步伐，认为幼儿兴则中国兴，幼儿强则中国强。有什么样的办园动机，就会有什么样的办园结果，也只有真正把幼儿园当成事业来干，幼儿园才能健康可持续地发展。

4. 你的幼儿园是准备个人投资还是合伙投资？我的建议是，如果你拥有投资一家1000平方米左右150~200万元的资金条件，第一选择自己干，不必要合作。或者你有其中50%的资金，也可通过其他形式寻求资金支持，以个人独资为主，这样会减少很多不必要的麻烦，会提高工作效率。当然，这样也有可能会发展得慢一些，会独立承担法律责任。如果你资金十分困难，可以考虑三人股份合作形式，合理按照出资比例设计好责、权、利等，严格按照企业章程执行。最好在合作之前咨询一下法律顾问，澄清一些法律知识盲区。天下没有不散的筵席，分久必合，合久必分，这是历史规律，一定要做好充分的心理准备。

5. 你办的幼儿园有团队了吗？我的建议是，如果你有充足的时间，又十分热爱这一事业，十分喜欢孩子，还是自己既是投资人又是园长为上策。无数个企业的成功已有例证，如果个人不具备条件，也要招聘志同道合的园长共事。招聘园长时，首先，一定要坚持德才兼备德为先。其次，一定要让园长富起来，稳定五年以上为上策。

无数的幼儿园已证明一个道理：园长稳，幼儿园兴，幼儿园富；园长不稳，幼儿园衰，幼儿园穷。无论如何也要千方百计留下园长、百计千方要稳住园长，让园长跟着你干有希望、有未来、有物质、有精神、有尊敬。

6. 你的幼儿园选好地方了吗？现在办幼儿园选经营地点十分困难。我建议：第一，在人口密度大的社区寻求开发商配套幼儿园或会所作为主选经营地点。现在二、三线城市，寻求与开发商配套的幼儿园合作机会尚存空间，等到第二个"三年行动计划"全部实施后，这种合作机会将更为困难。第二，与教委合作，举办普惠性幼儿园。随着国家对学前教育的扶持，政府将采取购买服务的方式大力举办普惠性幼儿园。在这方面，机遇正在来临，机不可失，这是千载难逢的发展机遇。第三，选择商业房或住宅房开办幼儿园。办这种形式的幼儿园经营成本较高，无论是房租还是师资等，只能选择走差异化盈利性办园之路，办出中高端品质才能生存。第四，有条件在郊区征3～10亩地开发幼儿园，这也是一个好策略。据了解，北京、河北、山东等地都有这方面的成熟运作经验。第五，如果有条件购买一所正在举办的幼儿园也不失为一个好策略。现在中国的幼儿园正面临着转型升级的关键时刻，一方面政府要求愈来愈高，另一方面老百姓对提高办园品质而收费又不能高的意识愈来愈强。同时，一方面幼儿园之间的竞争日趋激烈，人才十分短缺，另一方面幼儿园的利润正在摊薄。中国民办幼儿园正处于重新洗牌、有效资源重新整合的时期，转让幼儿园时常出现，甚至有的机构专门从事幼儿园一级开发，然后稍加包装就转手卖掉。

总之，如果你想好了以上六个方面的问题，我认为，只要你有足够的爱心、耐心、恒心，你的幼儿园一定能够健康可持续地发展。只要你坚持八年，你的幼儿园一定能成为当地最受家长欢迎、最有影响力的幼教机构。

我不是学师范的，能办幼儿园吗？

我在办幼儿园的过程中，有不少朋友问我，自己想办幼儿园，可是，不是学师范教育的，不太懂孩子，更不太了解幼儿园的日常管理，但确实是真的喜欢孩子，真的想办，能办好幼儿园吗？我的回答是："当然能办。"不仅能办，而且，我认为，要比学师范教育的人办得更好。当然，我并没有歧视学师范教育的意思，否定师范教育。我认为，一个人成功不在于学什么专业，接受什么教育，而在于你对这一事物的兴趣，以及你的兴趣浓厚的程度及保持的是否长久。无数实践已经证明，越是知识的杂交、整合，越容易标新立异，越能走向成功。尤其是在现代信息高度发达日新月异的今天，文化创意产业日益繁荣，想象思维高度开放，越是非专业人士，越有新的理念创新。当然，有了创新，还要坚持"术业有专攻"，发挥"木桶理论"的长板决定论理念，将个人的绝对优势发挥得淋漓尽致即可。

被誉为世界幼儿教育之父德国的福禄贝尔不是学师范的，没接受过一天师范教育，但是他对积木、几何等物体产生了浓厚的兴趣。在175年前的德国，他创办了全世界第一所幼儿园（kindergarten 孩子们的花园）。1851年，他开办了世界上第一所幼儿教师师范学院。福禄贝尔改变了人类的教育体系，第一次把学龄前儿童组织成课堂，关注6岁以下儿童的成长。

如果说福禄贝尔是人类早期教育教父的话，蒙台梭利就是人类早期教育教母。蒙台梭利是20世纪享誉全球的幼儿教育家，三次提名诺贝尔和平奖，但她不是学师范的，她后来取得的成就如果没有早期的医学专业和数学专业基础，几乎是不可能的。今天，全世界遍布着几万所蒙台梭利儿童之家（幼儿园），至今一直持久和深刻影响着世界学前教育的发展。

中国的学前教育之父陈鹤琴被誉为中国的福禄贝尔，他最初也不是学师范的。1923年，他在南京鼓楼创办了中国第一所幼儿园。1952年，他在南京师范学院创办了第一个幼儿教育系。"做人，做中国人，做现代中国人"的教育思想，在今天来看，依然闪烁着光芒。陈鹤琴的好友陶行知也不是学师范的。1927年，陶行知在南京乡下创办了中国第一个乡村幼稚园，他提出的"*生活即教育，社会即学校，教学做合一*"，重视农村教育的思想，至今还深刻影响着中国教育事业的发展，成为中国伟大的人民教育家。

今天的中国有20万所幼儿园，有相当一部分幼儿园的创办者并不是学师范的，有学医的，有学物理、化学的，有学农业的，甚至也有没接受过高等教育的。但是，他们做的幼儿园办园理念更加前沿开放，办园品质更加精细人文，办园规模逐步扩大，品牌塑造很有个性，业内影响颇高，社会百姓也非常认可，有的发展速度十分惊人，已引进资本扩张，进入高速发展时期，都在不同方面取得了令业内外瞩目的成就，这与学不学师范并没有必然的联系。恰恰相反，没有学师范的去办幼儿园，一定会"跳出幼儿园看幼儿园"，"跳出孩子的世界看孩子的世界"，更会激发起"以儿童为中心，走进孩子心灵世界"的探索欲望，冲破固有的因循守旧的传统办园理念和办园模式，独树一帜，走差异化、个性化办园之路，更容易成功。

现在中国有 20 万所幼儿园，绝大多数幼儿园千篇一律，真正有个性、有特色、有品质的幼教机构，还是凤毛麟角，当前中国的幼儿园正在发生两个转向。一是随着中国百姓经济条件和家庭知识结构的变化，老百姓选择幼儿园将更加个性化，将由过去的有个园上就可以，转向与自己幼儿教育的理念相统一的选择。二是将由过去的一个建筑面积 2000～3000 平方米，占地近十亩的大规模单体幼儿园，转向社区型 300～500 平方米，更贴近百姓生活的微幼儿园，办大幼儿园的时代很快就会成为历史。这就要求我们把握好这两个趋势，贴近、贴近再贴近，尤其是办园理念要贴近，办园更有个性化，更有品质，更加精细，幼儿园才有生存希望。而这些对于一个传统型师范生办幼儿园来说是很难突破的。

当然，我们没有忘记韩愈的"闻道有先后，术业有专攻"，我们更希望的是"为教育者办教育。"就是说，一个不热爱教育的人，一个不热爱儿童的人，一个利益至上，急功近利，脑子里整天装着资本怎么尽快赚大钱的人，是办不好教育的，是辱没"老师"这个称呼的，我们坚决反对。中国的教育经过"文革"十年已千疮百孔，满目疮痍，今天经过改革开放"科教兴国、教育报国"辉煌 30 年的发展，基础教育有了根本性的变化，但我们不要忘了中国的早期教育在全世界排名是倒数的，我们的幼儿园入园率目前还不到 70%。在经济实力决定一切、一切用钱说话的商业时代，我们更希望有一批真正胸怀实现中国两个百年梦想的有志之士关注中国的学前教育，投身中国的学前教育，中国 1.3 亿儿童尤其是中西部的儿童更加期盼。

你想办一所什么样的幼儿园？

有人说，习惯决定性格，性格决定命运。我说，思维方式决定一切。有什么样的思维方式就会办什么样的幼儿园，就会选择什么样的办园之路，就会有什么样的人生。

现在办幼儿园不像五年前了，国家实行第一个学前教育三年行动计划之后，中国的学前教育格局发生了根本性的变化。入园难、入园贵的问题已基本解决，现在第二个学前教育三年行动计划已经启动，正如火如荼，这一点一定要有清醒的认识。如果我们民办幼儿教育工作者对这一政策麻木，那么3～5年后等待你的恐怕就是眼泪。用最流行的雷军的一句话："站对了风口，猪都会飞。"风口就是趋势，这是学前改革的大命运、大趋势，势不可挡，谁也挡不住，千万不可逆势而上，那只会是死路一条。新三年行动计划明确告诉我们，一是要大力发展普惠性幼儿园，大力提高入园率。据2012年OECD（经济合作与发展组织）报道，国家学前教育毛入园率平均达到92.8%，俄罗斯、巴西、南非等金砖国家学前教育普及程度远高于中国。二是提升办园质量，加大对公办、民办幼儿园的监管力度，进一步规范办园行为，全面落实《3~6岁儿童学习与发展指南》。千万不可小看这两方面，每一个举办者都不得不思考，幼儿园出路在何方。

我认为无论是从国家战略层面来看，还是从幼儿园自身来看，这些大形势更多的是利大于弊。英国生物学家赫胥黎告诉我们一个亘古不变的真理，就是物竞天择，适者生存。现在世界经济一体化浪潮惊涛骇浪，移动互联网O2O、P2P时代正迎面袭来。无论是世界500强，还是中国500强，无论是政治、经济，还是科学、文化教育等方面，都在面临着一个共同的关键词：转型升级。这个世界上唯一不变的就是变。教育领域也难以独善其身，也面临着转型与升级的选择。教育领域的最基础领域——幼儿领域，更是首当其冲。转型就是抛弃过去固有的、僵化的、封闭的、残缺的思维方式，向新形势下环球的、国际的、开放的、360度的、包容的、多元的个性方面与创新转型。升级就是从过去粗放的、破碎的、单纬的以产品为中心的层面彻底升级为精细的、系统的、多纬的、以人为中心的新型互联网思维层面。作为幼儿教育主办者，一定要认清大形势，识时务者为俊杰，办幼儿园一定要符合政府要求，一定要坚持依法办园，一定要与政府保持常态有效的、多元的沟通，认真学习领悟政府的各项方针政策，尤其是教委召开的各级各类会议，都要积极参加，认真贯彻落实。伙伴们，这不是唱高调，这真的是方向、是趋势。2009 年在苏格兰，我访问 Wee Gems 幼儿园时，正遇上当地教育主管机构莅临检查落实幼儿园使用政府指定的教材情况，当时我很感慨，发达的英国对学前教育抓得如此严格。这也是中国幼儿教育变革的趋势，无论你办的是普惠性幼儿园，还是营利性幼儿园，都难以脱离政府的控制与管理。我身边有的园长，自认为本事大、见识广、学历高、资格老，不谙其道，吃了不少亏，走了不少弯路。

在今天，应该办一个什么样的幼儿园呢？

我建议分三步走：

第一步、一定要办一所政府完全认可的高标准的，最好达到当地最高标准的普惠性幼儿园，如省示范园、市一级一类园。沉淀 3~5 年，再谋发展。要制订晋级晋类达标计划，要把高标准达到教委要求作为唯一奋斗目标，这个时期不要追求标新立异，听话照做将有最好的结果。第二个学前教育三年行动计划已经告诉我们，政府未来将向民办园购买服务，这是大方向。向谁购买服务？就是向那些符合教委办园标准并有效沟通的民办园购买服务，将把开发商配套幼儿园委托优秀民办园经营管理。这是大趋势，请伙伴们要高度重视啊！

第二步、办一所你真正想要的所谓高端的有浪漫气质的幼儿园。175 年前，世界上第一所幼儿园在德国诞生，这所幼儿园建在森林里。Kindergarten 直译就是孩子们的花园，孩子就应该生活在童话世界里。我们每一个热爱儿童生命的幼教工作者，都有一个属于自己的充满浪漫气质的童话世界，都有一种正如著名思想家王开岭所讲的灵魂寄托：让灵魂从婴儿做起，像童年那样，咬着铅笔，对世界报以纯真、好奇和汹涌的爱意。每个园长都希望理想照进现实，都希望拥有一家自己心灵深处的幼儿园。所以，第二步就可以办一所这样的精品幼儿园，可以办在非社区，最好在生态环境好的地方，这样更有利于打造自己的童话王国。至于精品幼儿园的办园理念、经营模式、课程体系，还要系统地设计、研究。为教育者办幼儿园，办自己真正想要的幼儿园，这的确很有意义，我很羡慕、赞赏。

当然，如果单纯地办精品园去赚钱，我们也十分理解，国家正在修改《民办教育促进法》，将对普惠性和营利性幼儿园分类管理。

第三步、确定幼儿园走精品之路，还是走规模之路。仁者见仁，智者见智。我认为，两条路，哪条都可以。只要你喜欢，有梦想，有追求，两条路都非常好。我的建议是，无论走哪条路都要循序渐进、量力而行，不要违背客观规律、价值规律和自然规律。

幼儿园的核心竞争力到底是什么？

我给我的园长常讲，打虎要打头，擒贼先擒王，抓问题要抓根本问题、核心问题，不要隔靴搔痒，抓问题的关键，抓关键的少数。就像人身上有十二条经络，你找准了，沿着十二条经络疏通，身体的疙疙瘩瘩也就没了。幼儿园的工作千头万绪，常规的工作也有十几个方面，如安全保卫、教育教学、行政后勤、财务、人事、信息、宣传、师资队伍、文化建设、家长工作、招生工作、品牌建设、公共关系、工会工作，等等。有的园长有时忙起来，剪不断，理还乱，尤其是出现急、难、新的工作时，更是焦头烂额，理不出一个头绪，找不到问题的关键，做的幼儿园有时摁起葫芦起来瓢。有的园长是老黄牛，非常能干，一年下来，幼儿园还是像园长一样疲惫不堪，没有效益。

有的园长，却举重若轻，如沐春风，胜似闲庭信步，做的幼儿园生机勃勃。问题出在哪里呢？问题主要就在对幼儿园的核心竞争力把握方面。

幼儿园的核心竞争力到底是什么？有人说是办园理念，有人说是环境创设，有人说是伙食质量，有人说是课程体系，有人说是师资水平，也有人说是收费价格和服务方式，等等。那到底怎样衡量幼儿园的竞争力呢？

辨识幼儿园的核心竞争力要从五个方面。

1. 价值性。这样的幼儿园能够很好地实现家长所看重的价值，如教育效果、孩子的习惯养成、文化素养的养成、身体的变化、知识技能的学习等等。

2. 稀缺性。这种能力必须是稀缺的，只有少数的幼儿园拥有它，如课程与众不同。

3. 不可替代性。其他幼儿园无法通过其他能力来替代它，它在为家长与孩子创造价值的过程中具有不可替代的作用。

4. 难以模仿性。必须是本幼儿园所特有的，其他幼儿园是难以模仿复制的。

5. 长期性。是给幼儿园带来长期竞争优势的能力，是能经得起时间考验的。

在幼儿园工作的千头万绪中，找出具有这五种性质的工作，才是真正的核心竞争力。

一个没有核心竞争力的幼儿园是无本之木，无源之水。做得快，被家长抛弃的也快。同时，如果对核心竞争力把握不准确，幼儿园的办园方向同样会出问题，幼儿园会为此付出巨大代价，会走很多弯路。

一个家长选择幼儿园，主要看重十个方面。一是地理位置，入园是否方便；二是安全保障，考察幼儿园的门卫、食堂、车辆、环境是否保障安全无险；三是伙食质量；四是师资水平；五是课程特色与体系；六是室内外环境建设，考察是否以儿童为中心的环境设施，设施是否先进、科学；七是办园理念，考察办园理念是否与自己的育儿思想一致；八是园长，看园长的专业素养；九是幼儿园文化建设；十是收费价格。

以上十个因素，对一个新家长来讲，都很重要。尤其是一个育儿理论水平不高的家长更是都很看重。但是，作为幼儿园主办者，如果对家长没有正确的引导，如果对本园的核心优势没有准确地阐述出来，如果家长对你讲的所谓核心优势不感冒的话，那么，你就是一个失败的园长、不优秀的园长。一个优秀的园长要在最短的时间内，用最通俗的语言，用鲜活的例证，用最好的家长体验方式，引导并让家长潜移默化地接受你的办园核心优势。

如果一个园长将上述十个因素，全面开花地去治理幼儿园、宣传幼儿园，这个幼儿园是没有希望的，家长是不会选择的。你要告诉家长你幼儿园的价值性、稀缺性、不可替代性、难以复制性和长期优势性。

十几年的办园经验与教训，人生三十年的起起落落，我对事业的核心、问题的核心、思想的核心、办园的核心、家长关注的核心等等有着深刻的体会。在这方面，我交的学费太多太多了，也走了不少创业的弯路。我办幼儿园之初，是不懂得十大核心竞争力因素的。办园的第一阶段，我认为工作的核心应放在家长关注的伙食问题上，结果伙食不断调整变化的同时，也不断带来家长新的意见，家长关注的焦点愈来愈关注在孩子的吃上。孩子下午出了幼儿园第一件事，就问孩子："今天吃了什么？""好吃不好吃？"家长问这些，本无可厚非，但是作为一个教育工作者，还让家长关注孩子吃的方面，显然是低层次的，是很悲哀的。办园的第二阶段，我把焦点放在办园理念方面，自认为我们的办园理念是国际的、开放的、前沿的、以儿童为中心的等等，为此，做了不少配套的品牌包装宣传推广工作。可是，经过一个时期的观察发现，家长对我们的理念听起来热血沸腾，结果你让他配合时，他却很被动。办园的第三阶段，在经过前两个阶段的磨合后，我发现家长很关注课程体系与课程特色，希望孩子能在科学的教育理念下有一套可持续性系统的课程体系，并有鲜明的不同于其他幼儿园的个性课程。所以，我们的核心优势就锁定在了课程体系的完善与课程特色的打造方面。经过一个时期的推进，第三个阶段比之前有了明显的效果，家长也愈来愈肯定。但是，到了近几年，中国的学前改革发生了根本性的变化。北、上、广的民办园过去占70％以上，现在正好相反，公办园占70％以上。公办园、民办园分布格局的变化，再加之民办园之间生存环境的恶性竞争，带来一系列的挑战，人才像走马灯一样流失。更可恨的是，有些职业素养较差的老师，上午上着班，下午就敢放弃几十个孩子不管不问选择辞职，当然这也与我们管理和制度的缺失有关系。这不得不引起我的检讨与反省。幼儿园靠什么来生存，靠什么可持续性发展？家长最需要幼儿园的什么？公办园快速发展，民办园就没生存希望了吗？公办园有什么核心优势？只是收费普惠吗？

十几年幼儿园的风雨兼程，三十年的坎坎坷坷，昭示着一个科学的道理：一切的一切都是人的问题。人好了，一切就好了。人力资源才是最有价值、最稀缺、最不可代替、最不能复制也最容易长久的核心优势。

因此，近几年来，我们在师资引进、培训、上岗、动态考评、绩效考核、形象建设、进修学习、国外修学访问、职业生涯设计、职务晋升、福利建设、薪酬设计、保险设计乃至股权设计等方面做出了更加系统的规划，并科学地实施推进。

常言道，得人才者得天下，幼儿园也是如此。得优秀教师者得幼儿园，得优秀教师者得未来。

王阳明

幼儿园的办园理念很重要吗？

　　幼儿园的办园理念很重要吗？当然很重要，并且非常重要。就像建一栋楼房，如果没有一套系统的科学的理论体系来支撑，这栋楼就无法矗立起来，只能是一盘散沙；就像一个人的眼睛，眼睛是心灵的窗户，如果眼睛昏暗，无精打采，这个人也就像没有了魂一样，失去了生命活力；就像漫漫黑夜中的一盏明灯，如果没有光的指引，你是无法走向黎明的。换句话说，理念就是一个人世界观、人生观、价值观、金钱观、婚姻观等方面的思想浓缩。做人要讲理念，要仁、义、礼、智、信、温、良、恭、俭、让，要修身、齐家、治国、平天下，等等。做事业要讲理念，要人生在世，事业为重，一息尚存，绝不轻松，要包容多元文化，要合作诚信，等等。中国也有理念，那就是社会主义核心价值观，富强、民主、文明、和谐、自由、平等、公正、法制、爱国、敬业、诚信、友善。当然，办幼儿园更要有自己的办园理念。如果一所幼儿园没有自己的核心办园思想，这所幼儿园是没有前途的，是步履蹒跚的，甚至于是衣衫褴褛的，没有灵魂的，没有文化的。这样的幼儿园家长能喜欢吗？决定幼儿园办园理念的是投资人，是园长。准确地说，决定幼儿园办园理念的是投资人和园长的世界观、人生观、价值观、金钱观、儿童观。有什么样的投资人和园长就有什么样的幼儿园。

改变人类教育体系的幼儿教育之父福禄贝尔办的人类第一所幼儿园，理念就是：一要让孩子生活在花园里、森林里；二要游戏；三要拥有大量的千姿百态的积木。蒙台梭利儿童之家的理念就是：生命的纪律是秩序，智力的纪律是专注，行为的纪律是顺从，成人应该敬畏儿童。意大利马拉古奇的瑞吉欧幼儿园理念就是：孩子是由一百组成的，孩子有一百种语言，一百双手，一百个念头，一百种思维方式、游戏方式、说话方式……互动合作是瑞吉欧的最大特色，在互动过程中儿童既是受益者，又是贡献者。奥地利华德福的办园理念是：更加关注儿童的身、心、灵、精神进行整体平衡教育，并结合儿童与生俱来的智慧和独特的个性本质，进行深层次意识教育，协助儿童的智慧生成。陈鹤琴创办的中国第一家幼儿园的理念就是：做人，做中国人，做现代中国人。陶行知创办的中国第一所乡村幼儿园的理念是：生活即教育，社会即学校，教学做合一。

辩证唯物主义告诉我们，理论来自于实践，实践需要理论的指导。一个没有明确办园理念的幼儿园，就像人没有了灵魂一样，是无法支撑幼儿园这个肉体之躯的，更是对孩子不负责任的。

现在全国有 20 万所幼儿园，应该看到一些一线城市十年以上的幼儿园多多少少渗透着一些科学的办园理念，真正闪耀着儿童精神和人性文化光芒的幼儿园还是凤毛麟角，少之又少。坦率地说，过去我们的园长比较关注幼儿园具体的事物和生存环境，有时只见树木不见森林，很少真正思考自己的一生怎样献给孩子，自己百年以后给自己的幼儿园、给自己的孩子、给这个行业留下点什么。有时，我们用忙碌、用疲惫来掩盖自己内心的迷茫与孤独。今天，我们欣喜地看到，随着中国近十年幼儿园的快速繁荣发展，已经沉淀下来一大批有高学历、有海外视野、有十几年一线工作经验、有雄伟大略和善于思考生命与中国幼儿教育前途的园长。未来十几年，中国的幼儿园园长必将在世界幼教大舞台上发出自己独特的声音。我也更加坚信，再过二三十年，21 世纪的中国一定会涌现出像陶行知、陈鹤琴两位叱咤于中国幼教行业的优秀男人一般的儿童教育大师。

确定一个幼儿园的办园理念的核心部分应在以下五个方面。

一是战略发展理念。你的幼儿园 10 年以后想去哪里？你的一生是不是真的已经与孩子们融为一体，并视他们为你生命的全部？你要做真正的教育，还是赚大钱，或者是寻求二者的平衡？

二是办园的教育理念。要明确本园的教育方针、教育目标，以及实现这一方针、目标的科学系统的课程体系、管理体系等。我的建议是，作为一个园长，在这方面一定要下点真功夫，再累再忙也要多读些儿童教育理论方面的书，并且大量地做些读书笔记，要真正沉下心来，思考自己的幼儿园，检讨自己的幼儿园，要寻求差异化经营之策，要旗帜鲜明地喊出自己的办园口号。这是你的幼儿园品牌文化建设中的最核心部分，是最宝贵的无形资产，无论幼儿园将来搬到哪里，走到哪里，都会出现磁铁似的奇迹。

三是课程理念。这主要是指以儿童为中心的课程设计及实施系统。通过课程折射出你的教育理念和管理思想。是使用教委建议的教材，还是自编或引进教材；是上午中文环境、下午英文环境，还是采用蒙氏或瑞吉欧课程体系，等等。但无论如何，你的幼儿园一定要建立一套比较系统完善的课程体系。因为这是十分重要的，也是家长十分看重的。

四是经营管理理念。这主要是指以人为本的管理思想。依法治园还是以德治园，还是法德兼备？我的建议是，一所幼儿园的团队文化一定要形成一种既有军队般纪律，又有家庭般温暖的和谐快乐组织氛围。

五是家园共建理念。这主要是指如何定位幼儿园、孩子、家长之间的关系。如果把握不准，园长会很累，幼儿园运营成本就会高，家长还会有怨言。我建议园长多研究一下华德福、瑞吉欧及蒙氏的课程体系。可以夸张地说，与其说幼儿园是孩子的，不如更准确地说是家长的。幼儿园工作就是家长工作，建立一套如何调动和激发家长与幼儿园同心同向、联袂互动以及对幼儿教育的主观能动性和创造性，是至关重要的课题。

办幼儿园是加盟品牌好，还是创业自办好？

"办幼儿园是加盟品牌好，还是创业自办好？"这是一个人生观、价值观的表现问题。

先说加盟。常言道，读万卷书不如行万里路，行万里路不如名师指路，名师指路不如跟着成功者的脚步。我们也常说一句话，跟优秀的人在一起，你会变得更加优秀；跟成功的人在一起，你会变得更加成功。加盟一个品牌园，最大的好处有三个：一是你有了一个有影响力的品牌，品牌的力量是巨大的，是无法用钱、用时间来衡量的，会增加你创业的自信，会缩短你奋斗的距离。二是你有一套运营管理系统。这也是加盟的最核心部分。加盟后，你会很快进入规范期、成熟期，效益明显提升，你再也不愁课程改革的事情了，跟着领头羊，还怕没有肉吃？三是你有了自己的私有时间。加盟后，严格按照《运营管理手册》认真执行，没必要再浪费时间去研究学习提取再变成自己的。如果你再去聘一个职业园长，那你的私有时间将更加宽松。

加盟的好处还有很多。当然，一阴一阳谓之道，这是自然规律，加盟也带来三个不利因素。一是你会为此付出一笔加盟费。有的加盟费5～8年下来也是个值得关注的数字，愈是一流品牌，你付出的价值也就愈大。二是加盟不是永远的，是有时间限制的，一般3～5年，有的5～8年。从我的人生经验来看，加盟期间双方一定会有这样那样的分歧，合约结束后，也一定会有这样那样的纠结，甚至于要运用法律手段。三是你会变得懒惰，不太爱思考，独立思想和独立操作能力会有一定的萎缩。

再说自己创业办幼儿园。它有三大好处：一是生意是自己的，事业是永远的。如果自己把孩子视为全部的生命，自己创业是件十分幸福快乐的事情，累些不算什么，摔倒了不算什么，迷茫了没有什么，亏损了还会有机会，生命就是这样，痛并快乐着。二是拥有完全属于自己的一个品牌。自从你给你的幼儿园取下名字的那一刻起，她就像你十月怀胎的宝宝，你就开始呼唤她的名字，呱呱落地后，再也不会分离，一天一天滋养她成长。10年、20年、30年、40年，她都属于自己，你的无形资产难以估量，并且你很有成就感，幸福指数极高。三是你拥有了智慧。自己创办幼儿园，是非常艰辛的，日常管理是非常复杂麻烦的，尤其是遇到素质不高的家长，更是令你痛苦不安。如果不幸再出现恶性的安全事故，将会令你度日如年，形神憔悴，甚至于还要承担法律责任。你不断地在有时看不到尽头的黑暗隧道中摸索、迷茫，甚至于多少次想放弃。你会在把孩子哄睡、爱人沉睡以后，才敢找个没人的屋里，拿着一块布，蒙住脸大哭一场，甚至于在梦中你会哭醒，醒来发现枕头全是湿的……创业不容易啊！有人说，做女人难，如果女人做园长，真是难上加难。可贵的是，中国 20 万所幼儿园，90% 的园长都是我们伟大的女性，多么令人尊敬啊！殊不知，她们都是含着泪奔跑的女人，这才是鲁迅先生所讲的真正的中华脊梁啊！可以毫不夸张地说，中国 13 亿人口最值得敬仰、最值得高歌的就是我们近 20 万个伟大的女性，她们是中国最可爱的人。三岁决定一生，中华民族的伟大复兴、两个一百年的梦想，谁在决定？就是这些默默无闻、忍辱负重、委曲求全而又胸怀天下、悲天悯人、慈悲善良、至纯至爱的伟大女性。真的希望政府呼唤全社会都来关注这个群体，这是一个被爱遗忘的而又决定国家战略命运的群体。

自己办幼儿园也有三个不利之处。一是会很辛苦，会付出一些不知有没有回报的努力。二是会有一定的探索期，成功会在拐弯处等着你，但你是否能够熬得住？三是你的休闲时间会减少，陪孩子、爱人、老人的时间会减少，而且，家庭也会为你牺牲很多很多。

那到底是加盟好，还是自己创办好？我的建议是要因人制宜、因时制宜、因地制宜，不能肯定一个，否定一个。老子告诉我们，任何事物都是负阴而抱阳。总的原则是，怎么有利于实现你的人生价值，怎么有利于创造更大的社会价值和精神价值，就做出怎样的选择。

投资一家幼儿园，需要多少钱？

投资一家幼儿园，需要多少钱？这是一个很难回答的问题。投资一家建筑面积 2000 平方米 9 个教学班的幼儿园，有的说要 300 万，有的说要 400 万，有的说要 500 万，更甚者要 700 万、800 万乃至 1000 多万。如果这样，这是一件很悲哀的事情。

如果一所幼儿园是用人民币来堆砌起来的，拼的是钱，那么它是没有希望了。对此，我们要高度警惕。现在，全社会都充斥着商业气息，唯利是图，金钱至上，认为能用钱解决的问题都不是问题。不少人认为，当今做什么生意都很难，都不太稳定，尤其是今天的移动互联网时代，现代信息业瞬息万变，关注教育产品，赚孩子的钱，甚至于赚有钱人孩子的钱，会更容易些，更稳定些。不少人在关注幼儿园，不少海外资金、资本大鳄，还有一些从传统行业转型出来的土豪，都纷纷走进幼教领域。首先说，这是件大好事。中国的幼儿园，中国的教育历史欠账太多，太需要钱了。但同样，令我们十分担忧的是，一部分不太懂教育的投资人，将大把大把的钞票贴在墙上、地上。一所幼儿园少则几千万，多则几个亿，我们无不为之惊叹，但更多的是焦虑和不安，这是一个错误的信号和引导，如果不加以正确地疏导，中国的幼儿教育乃至中国的教育危矣。

硬件太硬，软件太软，这是当前幼教投资领域的一个现象，不利于幼儿园的健康发展，不利于全社会对幼儿园的希望和重托，更不利于幼儿纯净心灵世界的塑造，当然，也违背了价值规律。

文化塑造、教师队伍、课程体系与办园特色，这四大领域是一所幼儿园的四大支柱，也是家长最为关注的四大方面。

投资一所幼儿园，除了必须开支的房租外，剩余的资金和精力都应该严格遵循孩子的成长规律，尊重孩子的发展个性，用于精心设计和实施幼儿园的软环境，一定要坚持"六向"的原则，制定设计装修、采购和运营管理策划书。一是一定要向每寸土地要教育价值，唤醒每一寸土地的功能。二是一定要向每个空间要价值，要精心设计幼儿园的立体空间，让墙、灯等都要会说话。三是一定要向每件玩教具要价值，要省出装修的钱、铺张浪费的钱，将有限的资金大量地采购玩教具，大量投放丰富的、多彩的、生动的符合办园理念、突出办园特色的玩具；当然，要科学地、有步骤地实施。四是一定要向每个小时要价值，设计装修时，要充分考虑幼儿园有限的场地。把有限空间与孩子各类活动时间有效整合，要多投放一些可移动的玩教具，使有限的场地价值最大化。五是一定要向每件资产要价值，不要追求什么高、大、上，最重要的是要符合儿童个性特点。每件资产要注重实用、多功能，要向瑞吉欧学校学习，要多激发家长伸出手来，共同为孩子打造一个温馨、舒适、快乐的儿童之家。这样幼儿园既节省了成本，家长又受到了教育，孩子又非常骄傲，真是一举多得。六是向每个员工要价值。投资幼儿园，不要单纯追求外表的光鲜华丽，要把装修节省出来的钱，用到员工身上。幼儿园真正的核心竞争力是教师，而不是金碧辉煌的金玉其外，家长是不糊涂的。所以，要千方百计提高工资待遇，招聘一流的教师进来。这比什么都重要。

投资一家幼儿园，到底需要多少钱呢？从我的经验看，一个2000平方米、9～10个班的幼儿园，投资200万～300万人民币，就能做到很有品位、很有思想，很受家长欢迎。

李贽

一所幼儿园到底能盈利多少？

这几年，身边的朋友准备投资幼儿园的多了，都认为这是个既能赚钱又有社会效益的功德无量的好项目。虽然教育是一件很高雅的事情，但是没钱是万万不能的，再说投资就要有回报，要符合价值规律。

一所规模2000平方米、9个班200个左右孩子的幼儿园，有的说一年能有200万利润，有的说一年能有100万利润，有的说一年能有50万利润。其实园长能力不同，收费价格不同，地理区域不同，时间不同，即使同样规模的幼儿园利润也会不同。

我们看一个月收费1500元（含伙食费），即年收费18000元的一、二线城市的一家幼儿园，9个教学班，满园225个孩子，年主营业务收入 405 万，非主营业务收入 10 万，合计 415 万。除去寒假、暑假、病假、恶劣天气，孩子的实际出勤率为 80%，这是一个已经比较高的数字了，年实际收入为 332 万元。

看看它的主要费用：

房租：50 万元。

人力成本：130 万元（38 人）。

伙食成本：60 万元。

物业费：6 万元。

水、电、气、暖费：15 万元。

办公用品、低值易耗品：6 万元。

广告费、维护维修费：5 万元。

基地费用：10 万元。

合计：282 万元。

年利润约 50 万元，如果除去折旧，恐怕利润就没了，甚至亏损了。

那么，幼儿园没有利润怎么再发展呢？以上这个案例，是一个模型。我们从中可以看出，一个幼儿园盈利还是有一些空间的。

做一个园长很不容易，既要懂教育教学，又要学会带队伍；既要做好家长工作，又要协调好公共关系，但最根本的还是要会看一些枯燥的财务数字。要精打细算，用心经营，一分一厘都要看在眼里，聚沙成塔，集腋成裘。如果说，幼儿园能够有点利润，那真是园长用心血换来的，用委屈的泪水换来的，民办幼儿园园长真的是很了不起。

从我的经验来看，一所幼儿园要想有更好的发展空间，在保证教育教学质量不能下滑，又能逐年提高，家长的满意度逐年提高，教师的工资也能逐年提高的前提条件下，我建议可以从以下七个方面下点工夫。

一是尽量减少原始装修的投入，要学会画龙点睛，要找到撬动幼儿园的支点，发挥自身的优势并发挥到极致，引导家长关注你的优势。

二是与开发商或甲方协商，尽可能降低房租或延长缴费时间，拉长房租递增年限，十分明确确认甲方承诺的维护维修服务项目并真正落实，高度关注与甲方常态化沟通。

三是千方百计降低人力成本，提高人力效益，整合人力资源，能兼职的务必兼职，能外包项目的务必外包，能用三流劳力的不要用一流人才，能用钟点工的不用全日工，等等。幼儿园的工资费用占总费用的40%，是可变成本，要向人员要效益，要真正做到精兵强将。有德有才，重点使用；有德无才，培养使用；无德有才，限制使用；无德无才，坚决不用。在用人上要下真功夫，要真动脑子。

四是孩子的食谱要更加科学，食材采购要动态监督，老师的工作餐要从严管理。

五是水费、电费、电话费、加油费、燃气费、维修费、出差费、招待费、住宿费等等，能承包的都承包，包给老师个人，人人有指标，班级有考核，月月有公示，个个有笑脸。

六是盘活存量资产，减少增量资产，整合所有资产，多向家长寻求各方面支持。

七是积极与教委沟通，争取教委扶持政策，等等。有人说，干毛巾都能拧出水来，仁慈的园长们的毛巾可不是干毛巾，科学地管理，合理地开发，高质量的教育教学，最大化的利润价值，才是一个优秀幼儿园园长的努力方向。

我的幼儿园引进 VC/PE 好，还是慢慢做强好？

大家还记得一个最经典的故事吗？在 250 年前英国苏格兰格拉斯哥的一个小镇上，一个夜深人静的晚上，壶里的水沸腾了，壶嘴堵塞着，旁边的瓦特吃惊地看着，突然恍然大悟。就在这个夜晚，瓦特拉开了人类利用新能源时代的大幕，人类的第一次工业革命开始了，越来越多的资本家诞生了。

与此同时，还是在这个美丽神奇的格拉斯哥城市，瓦特的同乡，人类另一位伟大的学者提出了世界经济要自由贸易的理论，进一步为资本推波助澜，这就是《国富论》的作者亚当·斯密。而此后，远在德国的马克思更是振聋发聩地喊出人类世界自文明以来最伟大最深刻的响彻寰宇的声音：世界一切都是资本。

钱不是万能的，可是没钱是万万不能的。

或许瓦特永远没有想到，在他去世后的 21 年，在 1840 年，改变了人类教育体系的世界儿童教育之父，也是马克思的同乡——福禄贝尔，正苦于找不到办幼儿园的资本而四处奔波，也不得不为了实现举办世界第一所 Kindergarten 的梦想而去路演，寻求志同道合者的支持。

2009 年夏天，我去苏格兰幼儿园考察，站在美丽的格拉斯格大学图书馆旁，作为一个幼儿教育工作者，我陷入了深深的思考。

马克思在 150 年前就已经告诉我们，世界的一切都是资本，谁也离不开资本。福禄贝尔离不开资本，没有罗马圣伦罗佐的支持也不会有蒙台梭利，没有瑞吉欧的帮助也不会有马拉古奇，没有南京师范学院的依托，陶行知也举办不了第一个幼儿教育系和第一个乡村幼稚园。世界近两百年的幼儿教育史，从某种程度上来讲，也是幼儿教育与资本共同发展的历史，我们应感谢资本。

在 21 世纪已进入第二个十年后半程的中国，更是资本当道，商业气息弥漫。即使是一个十分幸福温馨快乐的春节，人们也被移动互联网时代下的"抢红包"搞得不安与焦躁。今天的人们又有几个知道 4.23 是什么日子？又有几个人谈恋爱还在图书馆里？中国有 20 万个幼儿园园长，有近千万幼儿教师，谁又能做到独善其身，两耳不闻窗外事，聚精会神抓教育呢？

2006 年 9 月 7 日，随着俞敏洪在纳斯达克敲响大钟的那一刻起，诺亚舟、弘成、ATA、正保、安博环境、学而思、学大等 13 家教育机构纷纷抢登纽约证券交易所，尽管至今有的已经退市，但是依然阻挡不了觊觎中国 1.3 亿儿童、1000 多亿市场资本大佬们的热情。

2014 年，中国 A 股市场大门神奇地打开了一条缝隙，昂立教育跳了进去，又一次让蠢蠢欲动而又沉闷多年的幼教机构点燃了希望。近两年，华图教育、北教传媒、华博传媒、朗顿传媒在新三板的壮举，从另一个角度为幼教打开了阿里之门。

在国际教育舞台上，APOL（阿波罗教育集团）、K12、莱佛士等教育资本大鳄做得也是风生水起。

随着全球经济一体化的浪潮和移动互联网经济时代的到来，中国经济都在面临着转型、升级，一大批传统行业将关、停、并、转，一大批传统行业的上市公司是不会束手就擒的，也频频出招，窥视幼儿教育市场 1000 亿的大蛋糕，认为幼儿园有稳定的现金流，有经度、纬度产业链的发展空间，有深厚的社会资源，尤其是中国 20 万所幼儿园的版图还处于群龙无首之时。2014 年，和晶科技试水智慧树，威创股份收购红缨教育，上市公司转型的步伐在加快，向幼儿园伸的手将愈来愈长，愈来愈深入。尽管中国《教育法》的条条框框还有所限制，但 VC（风险投资）和 PE（私募股权投资）的热情与信心，随着当前中国经济形势的变化，也在与日俱增。

那么，在这个资本市场横行的时代，在这个幼教市场早晚要被资本大鳄瓜分的大趋势下，我们该做出怎样的选择呢？

同样，资本市场就像婚姻一样，进去的想出来，出来的想进去。俞敏洪也多次公开地讲，新东方上市不是最佳的选择，也有一些已上市的公司选择了退市。对此，我们要客观地分析和冷静地看待。

这个问题，涉及人生观、价值观的问题，涉及我们的命运问题。

亚当·斯密《国富论》中的经典理论，就是劳动分工能够大量提升生产效率。所以，人的一生，生下来该干什么似乎是上帝已经定好了，30000多天，72万小时，人不能什么都干，只能选择你有兴趣的或不得不去做的事情。成功的金科玉律就是，一生只做一件事，每天进步一点点。作为有阅历、有思想的园长，我们要对这个时代，对自己有清醒的认识，有一个比较正确的判断。我们既不能孤芳自赏，远离充满铜臭气的资本，也不能忘却自己的初衷，媚俗于资本。我们真的要经常与黎巴嫩的纪伯伦对话，记住他的经典名言：一个人有两个我，一个在黑暗中醒着，一个在光明中睡着。不要因为走得太远，忘了我们为什么出发。

如果你的梦想是成为教育家，那就专注于教育教学，享受与孩子们在一起的快乐，做一个优雅的、知性的、智慧的而又济济天下儿童的教育家。蒙台梭利、陶行知、陈鹤琴和朱家雄就是我们的榜样。马斯洛告诉我们，自我实现是最高层次。建立自我，超越自我，是我们一生的追求。在这个世界上，金钱是不能解决所有问题的。同样，只要我们的一生全身心致力于我们幼儿园的教育和发展，实现从一个小园长到大园长，从管理专家到学者到教育家的跨越，我坚信，天道酬勤，老了以后，我们面对的不仅是桃李满天下、鲜花和掌声，还有上天给予我们的物质馈赠。

如果你的梦想是叱咤于资本市场，我想那就太好了，中国幼教太缺钱了，中国的孩子太缺钱。每当我想起日本的儿童冰天雪地里穿着短裤擦汗的画面时，每当我想起中国的幼教还比不上南非、巴西时，每当我看到无数个幼儿园园长渴求知识的眼睛时，我就想到：中国的大资本家们，全世界的大资本家们都来投资中国的幼儿园吧！因为中华民族两个一百年的梦想，在幼儿老师的课堂上就决定了。

陶行知

随笔篇

守住、守住、再守住，拓展、拓展、再拓展

魏书生老师是辽宁省盘锦市教育局党委书记、局长，是中国当代著名教育家，被誉为"现代孔子"。魏书生老师是我们每一个师范生的楷模。早在 20 世纪 80 年代，我刚走出曲阜师范不久，就对魏书生老师十分崇拜，很想去聆听魏书生老师的教诲。我离开教育行业后本以为再也无缘和魏老师一见，可是二十年以后的我在命运之神的安排下，又回到了"传道、授业、解惑"的教育课堂上来了。命运之神开了个大玩笑，让我从小学降了一级，回归到研究与从事最基础的基础教育——幼儿早期教育。

今年 8 月 25 日，在北师大朋友的带领下，我与陈亚男园长、刘总、杨总监、居园长等 6 位领导在河北青县师范学校，终于见到了

让我心向往之崇拜已久的大教育家魏书生老师。我们现场聆听了魏先生近四个小时激动人心的精彩演讲。这次演讲虽已过去一个月了，但是魏先生独特的深邃的教育思想，尤其是魏先生的哲学思想，犹如黑夜中的一盏明灯、高山群峰之上的一竖古琴，我每每想起都难以释怀，激动不已。在深夜里独守居室，一盏青灯相伴，我又一次打开了我的听课记录，又一次与中国当代最伟大的教育家魏书生老师进行了一次心灵对话。

"守住、守住、再守住，拓展、拓展、再拓展"，在魏先生近四个小时的报告中至少被提及十次。魏先生语重心长，一再告诉老师们：要守住自我，守住你的灵魂，守住你拥有的你最宝贵的东西。让你的优势发挥到极致，让你的劣势也掩藏到极致，不要随波逐流，要坚守住阵地，要抵得住外面的诱惑，要耐得住寂寞，要坚持个性，做一个优秀的自己，真正的自己。拓展就是要在坚守自我的基础上不断地扩充自己，敢于及时地接受新思想、新知识，要不断更新，但要辩证地吸收。拓展才是硬道理，不能太保守，学习是无止境的，只有不断追求新的生命，自己的生命才充满活力。守住常理，守住根本，拓展知识，拓展生命。

魏先生的"四字"真经，也让我受益匪浅。那就是"松、静、匀、乐"。"松"就是指要做全世界最轻松的人。因为我们赤条条来到这个世界，又必将赤条条离开这个世界，我们只不过是宇宙里一粒微不足道的微尘上的微生物，在茫茫的宇宙中我们又算得了什么。珍惜生命，做一个轻松的自己，放下屠刀，立地成佛。万事万物我们都是带不走的。"静"就是指心灵要宁静，宁静以致远。要把外在世界的日、月、星、辰、江、河、山、川、花、鸟、鱼、虫、真、善、美等存在于心中。守住心灵宁静的能力，是一个人最重要的能力。亲爱的同仁，作为一名幼儿教师也是如此，守住心灵的宁静，抵挡得住外界的诱惑，是一名老师最高品质的表现。老师如此，作为企业家更是如此。"不嗔、不怒、不怨、不恨"，专注如水般宁静，一生只做一件事，更是我时时不敢忘怀的。"匀"就是指对生命来说。人们最宝贵的财富是来之不易的呼吸，生命中的每时每刻每分每秒都不能离开呼吸。心灵要静，呼吸要匀，要常常做深呼吸，保持生命的活力。"乐"就是心情要快乐，要学会享受生命中的一切快乐。要刻意寻找，去创造身边的快乐。行、走、坐、卧、学习、工作，提笔张口，打开心结，眼角下翘，嘴角上翘，露出牙齿，充满微笑，高高兴兴上班，快快乐乐下班，做一个快乐的自己，学会感受快乐的自己。

魏先生常说："每天进步一点点，人生就像上楼梯，就是要沿着台阶一步一步、一个台阶一个台阶地往上走，大事做不来、小事马上做，元帅当不成、要当好士兵，不能顶天、当可立地，不能高成、但可低就。"在班级管理方面，魏先生始终强调六句话。一是人人有事做，二是事事有人做，三是时时有事做，四是事事有时做，五是基本我不做，六是观察与思考。这短短的六句话高度概括了班级管理的艺术，对于幼儿园的班级管理，也会给老师们许多启迪，希望老师们在课堂教学中真正像魏先生所讲，尊重每一个孩子，调动全班每一个孩子的积极性，根据孩子的特点让孩子承担班级中相应的一件管理任务，做到人人有事做，事事有人做，培养孩子的责任感和自控能力，等等。其实企业管理也是如此，魏老师的六句话也给我在企业管理中带来许多思考。

亲爱的同仁，魏书生老师的教育思想博大精深，希望老师们更多了解和学习魏书生老师，尽管魏书生老师不是早期教育专家，但是教育的真谛是一脉相承的。我相信魏书生老师的教育思想对我们每一位幼儿教育工作者也有很大的启迪，让我们永远记住魏书生这句至理名言："守住、守住、再守住，拓展、拓展、再拓展。"

2009 年 8 月

快乐是我的全部生命

最近一个时期以来，我绝交游，谢繁华，在不断地苦苦思考和发问：哈佛摇篮的未来在哪里？哈佛摇篮的宝宝教育目标到底是什么？我们的生命到底为谁、为什么而存在？也许这样的生命终极的思考，我们无法找到永恒的答案，但是黎巴嫩诗人纪伯伦的一句话给了我深刻的启迪，"我们已经走了太远，以至于我们忘了为什么而出发。"是啊，亲爱的老师们，我们为什么而出发呢？为名？为利？为尊严？为车？为房？……

我突然想起，2007 年我到苏格兰考察时，看到敞篷大巴旅游观光车上，坐着几十位苏格兰老人，她们是那样慈祥、宁静，那样的幸福，那样的快乐和自由，这个情景常常萦绕于我的脑际。陈亚男园长最近全心致力于"不给孩子贴标签"、"大家一起玩"、"我可喜欢你了，你喜不喜欢我"等课题的探索与研究，也给了我很多思考。

亲爱的老师们，我们为什么而活？我们教育的终极目标到底是什么？当前正在全世界引起巨大轰动的，同时令我们中国导演汗颜的卡梅隆导演的电影《阿凡达》中，我终于找到了答案。快乐和自由，这就是我们生命的全部意义，这就是我们教育的终极目标，这就是我们每一个教育工作者所肩负的给宝宝传递的"生命影响生命"的最伟大使命。快乐比成功重要，快乐比财富重要。让我们坐上快乐马车回到快乐童年吧！让我们给宝宝插上快乐的翅膀，放飞宝宝的快乐吧！

泰戈尔说："诗人把他最伟大的童年时代，献给了世界。"我们幼儿教师或许亦可说：孩子的最美的童真，献给了成人社会，献给了我们。亲爱的兄弟姐妹们，我们是世界上最幸福的人，我们的前生早就注定了成为孩子灵魂的雕塑师，早就注定了我们与生命至纯、至美、至真、至善、至爱的白玉无瑕的天真为伴。感谢父母，把我们带来了这个世界，感谢上苍，让我们成为安琪儿的使者。可爱的宝宝，我们是多么的爱你，多么的感谢你，你给爸爸妈妈、给老师、给这个世界带来了多少快乐和幸福。快乐就是我们的全部生命，是我们一生中最大的财富。简单而快乐，天真而烂漫，是我们生命的灵魂，这才是我苦苦寻求的为之奋斗的生命终极答案。生命需要快乐，没有快乐的生命是低质量的生命。没有快乐的男人，就像荒芜的青山，虽然青山依旧在，却没有灵魂骨；没有快乐的女人，就像剪去羽毛的孔雀，失去了魅力与风采；没有快乐的老师，从某种程度上讲，就是用无形的手扼杀着伟大的天真，换言之，就是我们对宝宝犯下的最大罪过。

当然，我们的生命、宝宝的生命不仅仅需要快乐，我们和宝宝的生命中更需要的是自由，有了自由才会快乐，有了快乐才会更加自由。让孩子做自己喜欢的事情，让孩子充分享受大自然赋予的童年生活，我们今天的教育决不应为孩子未来而牺牲孩子现在，不应从未来的角度提早设计儿童的当下生活。我们要尊重孩子的未成年状态，还给孩子生命之初，让孩子回到极度纯真、天然和正常的感觉。今天，我才终于明白温家宝总理最为敬仰的刚刚逝去的中国著名导弹之父钱学森发出的"世纪之问"："中国为什么没有培养出杰出的人才？"我终于明白了中国人为什么拍不出《阿凡达》这样充满魅力和神奇想象的电影巨制，终于明白了中国为什么诺贝尔奖获得者屈指可数了，终于明白了也是刚去世不久的国学大师任继愈老先生所发出的"我十分担忧孩子在幼儿园起就学习标准答案"的忧虑，终于明白了卢梭《爱弥儿》"童年革命，童年本位"的理论，终于明白了瑞士教育家斐斯泰洛齐的"实物授课思想"，终于明白了德意志教育家福禄贝尔为什么把幼儿园定名为 kindergarten（直译为孩子们的花园）的内涵，终于明白了引发美国教育革命、奠定美国近百年人才优势的美利坚教育家斯宾塞快乐教育散发的光芒，终于明白了德国人为什么在森林里办幼儿园，终于明白了西方国家的宝宝裸体上户外运动课的意义……这不仅是国人的悲哀，更是我们每一个有良知的教育工作者的最大耻辱。实现中华民族伟大复兴到底靠什么？每当想起这个问题，我的心率在加速，我流动的血液在翻滚，我的身体如电石击穿，我深深地感受到了作为一个幼儿教育工作者的愧疚与汗颜，不，这不仅仅是愧疚与汗颜，更是一种无可赎渎的罪恶。我们以成人的思维，把孩子视为成人的预备，就像鱼缸对鱼的罪过，马戏团对动物的罪过。"谁拿走了孩子的快乐？"我们扼杀了多少孩子的天性啊，扼杀了多少可爱的宝宝的伟大创意和想象力啊！让孩子回到孩子的世界吧，回到大自然中去吧，回到他们永远不知疲倦的水、沙、泥、蚯蚓、蝴蝶、小溪、山鸟的童话中去吧！这才是孩子们的生命中最重要的快乐、最伟大的自由，这更是我们有真正良知、真正爱孩子的教育工作者最大的快乐，也是我们最大的幸福和自由。

有了快乐，才会自由；有了自由，才会有快乐。做自己喜欢做的事就是自由，就是快乐。因此，我们将在 2010 年起，全心致力于宝宝"五力"的培养，即"快乐力、自由力、表现力、想象力和创造力"。我们尤其是在社会课程方面将有重大突破，实施"十大"标志性教育工程，以此来推动和深化哈佛摇篮的教育教学改革，这"十大"标志性教育活动为：

一个"四"，即每个宝宝要会演奏一件乐器、植一棵树、讲一段英文介绍、进行一次远足露营；

二道菜，即每个宝宝要学会炒两道家常菜；

三首歌舞，即每个宝宝要学唱、跳三首影响一生的儿童歌曲、舞蹈；

四幅画，即每个宝宝要掌握中国画、书法、油画、手工折纸等不同形式的美术技法，并办一次画展；

五项家务，即每个宝宝要学会做五项家务劳动，逐步达到自己的事情自己干，家里的事情学着干；

六个朋友，即每个宝宝要交往六个小伙伴；

七个故事与游戏，即每个宝宝要会讲和表演七个精彩的故事与游戏；

八颗牙齿，即每个宝宝要露出八颗牙齿，拥有灿烂的微笑；

九件好事，即每个宝宝要为他人、为社会做九件好事；

十个名胜，即每个宝宝要去十个名胜古迹旅游，并编成画册进行展览；

此外，我们将继续加强快乐的园本课程研究，进一步深入研究陈亚男园长"大家一起玩"、"我可喜欢你了，你喜不喜欢我"等课题。同时，在2010年我们将在全集团举办丰富多彩的快乐活动大比拼。在宝宝层面，我们拟举办：开心美食大比拼、幽默故事大王赛、"我可喜欢你了"舞蹈大赛、卡通人物作品展、六一狂欢节、七一泼水节、六月、七月裸体日光浴、"三岁礼"、"六岁礼"、冰雪狂欢节，等等。在老师层面，我们拟举办：神秘派对、口琴俱乐部、竖笛俱乐部、快乐女声PK赛、快乐男声PK赛、幼儿园的幽默故事征文大赛、50个儿童音乐剧、话剧小品创作表演赛、成语、诗词接龙挑战赛、职工运动会、职工足球赛、户外露营、篝火、野炊活动、与机关事业、军队、国企等单位联袂举办舞会、鹊桥会等活动，还希望老师们提出更好玩的、更快乐的创意。

亲爱的老师们，有创造力的民族才是有希望的民族，有快乐的民族才是幸福的民族，有创造力的宝宝才是实现中华民族伟大复兴的中坚力量，有快乐的宝宝才是生命最为坚强、最为浪漫、最为可爱的宝宝，有快乐的老师才是宝宝最喜爱的老师，有笑声、有大树、有鸟鸣、有河、有水、有泥巴的幼儿园才是孩子们的世界。有一个中国人一生只做了一件事，他笑口常开、蹙额大腹、就地而卧、随遇而安，笑是他的禅影，快乐是他的慈航，他激活了人的本性，启发了人类的创意与和平，他就是布袋和尚，"风生有水起，心空得如来"。如来即自在，自在即快乐。庄子曾说，"复归于婴儿，人为乏趣，天机自然"。向婴儿学习，做一个纯真自然的人，清水芙蓉，自得天成。

亲爱的老师们，无论从苍天赋予我们的传播爱的使命，还是从我们内在的生命质量的追求，我们的生命不会再纠结于郁闷的情怀，让我们的心走出"闷"的门外。外面的世界很精彩，爱你的人随处在，给点阳光就灿烂，给点水分就发芽。春暖花开，花已开遍天涯；以梦为马，策马驰过天下。春有百花秋有月，夏有凉风冬有雪，若无闲事挂心头，便是人间好时节。

亲爱的老师们，放下屠刀，立地成佛，放下纠结，马上快乐，非常可乐。

好消息　好快乐　好幸福

老师们，最近我一直在思考：企业未来的努力方向在哪里？我和我的管理团队到底把与哈佛摇篮风雨同舟、血浓于水的近千名亲爱的兄弟姐妹们带向何方？坦率地讲，人到了中年，生命就只有一万多天了，这一万多天，我该怎么过？我为什么活着？这1000位亲爱的兄弟姐妹们为什么来到哈佛摇篮？这6000名可爱宝宝的爸爸妈妈为什么选择哈佛摇篮？我常常为此而焦虑不安，常常为此青灯相伴，孜孜寻觅，常常为此惆怅、忧郁，站在山上发呆。有位哲学家说："人的生命是一团欲望，欲望不满足就会痛苦，欲望满足就会无聊。生命就是在这痛苦和无聊之间来回摆动。"不过，好在"书中自有黄金屋，书中自有颜如玉"，这"生命之问"、"哈佛摇篮之问"在我心中慢慢发酵，今天，终于如一壶醇酒可以打开了。让我们一起分享一下人们走向成功的"十句"真经："一命，二运，三风水，四积阴德，五读书，六名，七相，八思想，九交贵人，十养生。"今天，我们暂不讨论这些生命因素的科学性和哲学性，我只想与兄弟姐妹们分享第十点——养生。养生就是让自己的身体健康，让爸爸妈妈、爷爷奶奶的身体长寿，让我们的身体享受天年，无疾而终。今年"六一"儿童节，胡锦涛总书记给全国宝宝的寄语就八个字——"快乐生活，健康成长"。老师们，兄弟姐妹们，身体健健康康、长命百岁才是我们生命的根本所在啊！我再也不愿意看到我的父亲临撒手之前骨瘦如柴的痛苦情景了，再也不希望看到咱们的老师们、兄弟姐妹们为爸爸妈妈的身体而焦虑和悲惧不安了。

怎样才能养生呢？陈亚男园长给我们讲过："长命百岁 =15% 遗传 +10% 社会环境 +8% 医疗 +7% 气候因素 +60% 生活方式。"其中，遗传我们是无法改变的了，其他也很重要，但是最重要的因素是我们的生活方式。健康从好习惯开始，从好的生活方式开始。吃素就是好习惯，锻炼身体就是好习惯，等等。但是根本的好习惯是什么呢？那就是快乐的心态，就是不纠结的生活状态，就是"水至穷尽处，坐看云起时"的淡定与从容，就是"春有百花秋有月，夏有凉风冬有雪"，"梅须逊雪三分白，雪却输梅一段香"知足常乐的思维方式。我们知道，地球 70% 是由水构成的，我们的身体是一个小宇宙，其中 70% 也是由水构成的，水是细胞构成的，细胞是由分子构成的。分子由是由原子构成的，原子还可以往下分，无穷无尽。我们知道，日本科学家江本胜最著名的实验《水知道答案》的经典案例，这些告诉我们一个道理：快乐的心情产生快乐的水，快乐的水就会产生水晶体般的能量，与大宇宙的金、木、水、火、土呼应并作用，身体就会变化，变得至善、至健、至纯、至康。相由心生，心由快乐生，快乐使你的容貌发生变化。谁都知道，一方水土养一方人，上善若水，水美出美女，而水污只能出巫婆吧，这叫"水美女"理论。老师们要记住这个理论啊！快乐是根本啊！咱们再也不会为宝宝哭闹、调皮而疲惫倦怠了，再也不会为家长投诉而不安了，再也不会为发工资时比一起来的同学或者同岗位的同事少十元钱而难受了，再也不会为国际园老师工资就应该比其他园高而纠结了，再也不会为幼儿园活动多而有怨言了，再也不会为写不完的材料、备不完的课、开不完的会而痛苦得叫天叫地了。我们要记住爸爸妈妈跟我们常说的一句话，那就是"吃亏是福"。常吃亏才会常快乐，大吃亏大快乐、大福报、大幸福，小吃亏小快乐、小幸福，不吃亏不快乐、没福报。殊不知，一个不愿意吃亏的人其实永远都在吃亏。哪个老师愿意与一个不吃亏的人成为朋友呢？让吃亏成为我们的一种习惯吧，吃亏1次多活1天；吃亏1000次，多活1000天；吃亏10000次，多活10000天。

有一个故事，名字叫《我在为谁工作》，非常有哲理。当你不快乐的时候，一定要好好给别人讲一遍，你就会放下屠刀，立地成佛了。我们不要拿自己的错误惩罚自己，不要拿自己的错误惩罚别人，更不要拿别人的错误惩罚自己。我们要学会拿自己点滴进步带来的欢喜奖赏自己，与他人分享。我们也更要学会主动分享同事的喜悦和快乐。换言之，不会欣赏别人、嘉许别人、分享他人快乐的人，是不会有快乐的。我们要学会"五乐法",即"知足常乐,助人为乐,苦中作乐,自得其乐,乐此不疲"。德国哲学家海德格尔说:"人只有诗意地栖居在大地上,你才是作为人而存在的。"我们借用这句名言,也可以说:"你只有快乐幸福地徜徉在宝宝的周围,才不愧作为一位伟大的儿童教师而存在。"

好消息,爸爸妈妈让我们上了师范;好消息,我们选择了雕刻三岁宝宝灵魂,并决定为其做一生的工程师;好消息,我们鬼使神差地来到北京;好消息,我们不可思议地选择了哈佛摇篮;好消息,咱们今天坐在了一起,成为相亲相爱的一家人;好消息,今天听了潘总的报告,知道为什么而活着了,知道怎么让爸爸妈妈活到100岁了。老子说:"道法自然,复归其根,复归于婴儿,复归于无极,复归于朴。"让我们回到幼儿园吧,回到宝宝的世界吧,复归于孩子般的纯情与至爱吧,发心、布施我们的快乐吧!好消息,好快乐,好幸福!

陈鹤琴

让自己快乐是智慧，让他人快乐是慈悲

最近，我在深深地思考着一个命题：是什么力量能让哈佛摇篮在这弥漫着浓浓硝烟的幼教行业战场上从济宁到北京，从北京到全国，历经十年而不衰？是什么力量能让咱们亲爱的兄弟姐妹们和哈佛摇篮风雨在一起，不抛弃，不放弃，生来就带着哈佛摇篮人的坚定信仰？也许答案有很多很多，但我认为最根本的答案还是咱们哈佛摇篮的文化，哈佛摇篮的哲学观、人生观、价值观、金钱观、教育观、儿童观，这就是哈佛摇篮的DNA。DNA在哪里？就像一根大葱，剥了一层、一层又一层，露出的永远是白白的、嫩嫩的、香香的，DNA已融进了咱们哈佛摇篮的血液中去了，融进了哈佛摇篮的一草一木中去了，融进了老师们的一举手一投足、一颦一笑中去了。近十年来，我们从来没有放弃过"为教育者办教育"的理念。从我 1999 年创业的那一刻起，有一句话始终提醒着我——"员工的心，企业的根"，也是从那时起，我们就成立了工会组织，关注员工的成长和播种文化生活，不断提高员工的福利待遇。尤其是在员工文化播种层面，我们不断地探索和引导，逐步沉淀形成了具有哈佛摇篮特色的文化价值体系。民主、尊重、自由、快乐和爱，其中"快乐"文化是我们哈佛摇篮的文化价值体系中的核心文化——"好消息，好快乐，好幸福"的文化逐步浸染着每一个哈佛摇篮的角落和每一位老师、每一个宝宝。我们的心灵导师陈亚男园长经常讲，人生是一个快乐生命影响另一个快乐生命的过程。同样，在咱们哈佛摇篮里就是一个快乐生命影响另一个快乐生命的过程。在 2010 年年会上，我就向老师们讲过《快乐是我的全部生命》，人类文明的本质是快乐，生命的本质是快乐，教育的本质是快乐，哈佛摇篮的本质是快乐，咱们每个人的本质也是快乐，快乐是我们每个人的全部生命。请大家记住"五乐法"——一是苦中作乐，二是助人为乐，三是知足常乐，四是悲极生乐，五是自得其乐。老师们，快乐文化是哈佛摇篮的根本文化，是咱们哈佛摇篮教育的本质。快乐是需要修炼的，快乐是需要境界的，快乐不是等来的，快乐是有智慧的。请大家一定要记住：让自己快乐是智慧，让他人快乐是慈悲。这是一则至理名言，应该让它伴随我们一生，让它成为我们生命深处的最伟大力量所在。

一是让自己快乐是智慧。自己怎么快乐呢？自己有没有智慧呢？首先，一定要做自己喜欢的事，这是做大的智慧和快乐。过去常讲，干一行，爱一行。现在就要讲，爱一行，干一行。试问自己：你到底喜欢不喜欢孩子，喜欢不喜欢哈佛摇篮？千万不能糊里糊涂地爱，糊里糊涂地喜欢。其次，吃亏是福，是智慧。住上铺我喜欢，床在门口我喜欢，让我加班我喜欢，让我值班我喜欢，最后一个打饭我喜欢，家长批评我喜欢，给人让座我喜欢，排队等待我喜欢，钱包丢了我喜欢，吃小亏我喜欢，吃大亏我喜欢，助人为乐最喜欢。总之，不再纠结、抱怨，放下屠刀，立地成佛，放下纠结，立即快乐。

二是让家长快乐是智慧。家长的心，老师的根；家长快乐，我才快乐。干得好不好，家长说了算；家长要快乐，首先宝宝要快乐；宝宝要快乐，老师要快乐；老师要快乐，园长要快乐。这就是幼儿园快乐生态链。"嗨，你的答案太棒了！""笑眯眯，笑眯眯，我的眼睛笑眯眯……""我可喜欢你了，你喜不喜欢我？"每天给每一个宝宝一个拥抱、一个吻、一个大拇指、一句赞美的话、一个欣赏的眼神、一个开心的提问，宝宝就会快乐，家长就会快乐，自己就会快乐。宝宝一天快乐是小智慧，宝宝天天快乐就是大智慧；宝宝一天不快乐不仅没智慧而且很愚蠢，是严重的失职。

三是爸爸妈妈快乐是智慧。其实，爸爸妈妈快乐最简单，对儿女没有任何祈求，只有一个要求，就是孩子很健康、很快乐。百善孝为先。在这个世界上，我们什么都可以不做，但有一件事不能不做，那就是孝敬父母；在这个世界上，我们什么都可以不管，但是有一件事不可以不管，那就是孝敬父母。孝敬爸爸妈妈最好的办法就是让自己快乐起来。在电话的那头，爸爸妈妈听到的永远是九个字——"好消息，好快乐，好幸福"。不要动不动就报忧，就报不开心的事，这是对父母最大的不孝。大孝大快乐，小孝小快乐，不孝不快乐，而且还要接受道德的审判。

四是让身边的人快乐是智慧。助人为乐，乐于助人，乐此不疲。露出你的八颗牙齿，传递你的温情微笑和快乐能量，让人感觉你有一种强烈的事业心、进取心和始终积极向上的正面能量，而不是天天看到你不是丢钱就是失恋的皮笑肉不笑的负面能量的脸。让身边的人快乐是有智慧的，要给身边的人成就感、骄傲感。好话自己不能说完，好事自己不能做完，好衣服不能天天超越别人，要将心比心，留有余地，不能给人压力。要以责人之心责己，以恕己之心恕人。

老师们，除了记住让自己快乐是智慧，还要记住一句话：让他人快乐是慈悲。古代印度迦毗罗卫国净饭王的太子乔达摩·悉达多，19岁放弃荣华富贵，历尽千辛万苦，30岁菩提树下成佛，后称释迦牟尼。他成佛以后，布施快乐49年，80岁涅槃。大乘佛教的慈悲和智慧的关系是"水分"和植物"种子"的关系，没有慈悲的水分，尘世间的智慧就像干枯的"种子"，不会发芽。同样，没有智慧的翅膀，慈悲的天鹅也只能匍匐在地上，不能飞向万里晴空。爱宝宝，爱家长，爱身边的人和事，是佛心的闪光，是最大的菩提心、最大的慈悲，也是最大的快乐。"慈"就是爱心，"悲"就是同情心。大慈大悲，大快乐；小慈小悲，小快乐；不慈不悲，不仅不快乐，而且是罪过。

另外，一生只做一件事的布袋和尚，终其一生都在让他人快乐，快乐是他的起航，他激活了人们的本性。风生有水起，心静得如来，如来即自在，自在即快乐。亲爱的老师们，慈爱一些吧，悲天悯人一些吧，"老吾老以及人之老，幼吾幼以及人之幼"一些吧，"居庙堂之高则忧其民，处江湖之远则忧其君"一些吧，"穷则独善其身，达则兼济天下"一些吧。快乐是我们哈佛摇篮的全部生命，让自己快乐是智慧，让他人快乐是慈悲，好消息，好快乐，好幸福！

圣经上讲，人对外部世界的感受有三个方面，即三个层次。一是人们用身体感受外面的物质世界，二是人们用魂感知心理层面的精神世界，此外，人的最深处还有一个灵，也就是用它感知神圣奥秘的世界。耶和华花了六天时间，创造了世界，用智慧建立了世界，用爱心和慈悲铺张了苍穹。在哈佛摇篮这片充满爱的土壤里，让我们用快乐营养我们的智慧，去感知人的第二个世界——精神世界吧，让我们用充满智慧的、闪烁爱的火焰的慈悲去感知作为一个完整人、全面人、不愧人存在的最高世界"魂"的神秘世界吧。

让我们的爱和悲天悯人的情怀像阳光一样围绕着每一个宝宝，而又给每一个宝宝快乐的自由。

天天好消息　时时好快乐　心中好幸福

　　每当想起"好消息，好快乐，好幸福"这短短九个字，我的心像充满着一种感动、一种力量、一种使命、一种激情、一种快乐，更有一种幸福！老师们，这九个字是充满无限魅力和无尽能量的九个字，一定要牢牢记住它、理解它、把握它、使用它、传播它、感受它。张口说话就是好消息，谁能拒绝给他的生命带来快乐的、意想不到的好事情的发布呢？你要坚持天天说，时时说，一张口就会说。不用太多，21天就可以，我坚信你的生命血液就会开始发生变化，血流在加速，没有了堵塞，变得顺畅，你的湿疹瘙痒没有了，你的青春痘没有了，你的颈椎不痛了，你的感冒不会再来了；你多年不见的同学来找你了，相由心生，你的长相越来越好看了，你的宝宝出勤率高了，你的家长表扬信多了；你的婚姻变化了，老公更加爱你了，没想到男朋友从不好找到一下子不知道选哪个好了……多么大的变化啊！多么大的威力啊！老师们，让我们一起来说三遍"好消息"吧！让我们一张口就给别人带来好消息吧，让"好消息"成为咱们生命中最宝贵的资源，成为咱们生命中的DNA，成为咱们哈佛摇篮的DNA吧！

老师们，天天说好消息，你的能量将无比强大，你再也不会抱怨生活的不公了，再也不会有心情的沮丧了，天天就会感觉心里好快乐，工作好幸福，在哈佛摇篮好快乐，在哈佛摇篮好幸福。

好消息，今天的午餐可好吃了；好消息，今天园长要来咱们宿舍住宿了；好消息，家长又给你写了一封表扬信；好消息，宝宝今天比昨天出勤率高了；好消息，今天你的这件衣服真好看；好消息，你的同学来看你了；好消息，刚才你妈妈来电话了；好消息，我丢了一个钱包，肯定是破财免灾了；好消息，园长批评了我一次，肯定是打是亲骂是爱吧；好消息，男朋友分手了，肯定还有更好的在等着……

老师们，好消息，好快乐，好幸福。天天说好消息，你再也不忐忑、不纠结、不抱怨，你就会感到很快乐、很幸福。谁说好消息谁就快乐，谁就幸福；好消息，可以说出来，也可以在心里时时想起；好消息，像太阳，照到哪里哪里亮；好消息像火种，能点燃梦想，燃烧激情；好消息，像春雨"忽如一夜春风来，千树万树梨花开"；好消息，好快乐，好幸福。好幸福来自于好快乐，好快乐来自于好消息，而好消息来自于你的优雅、你的包容、你的善良和你的智慧。好消息不是等来的，好快乐不是天上掉下来的，好幸福更不是别人送来的。要想拥有好消息，你首先要拥有一颗充满慈悲、善良和智慧的心。让自己的心宁静下来，宁静以致远，致远则纵横几万里，上下五千年，心神遨游，无限遐想。你就体会到刚走进哈佛摇篮，看山是山，看水是水；过了一年你就会意识到哈佛摇篮，看山不是山，看水不是水；过了三年、四年，你终于明白了哈佛摇篮，看山还是山，看水还是水。你能宁静下来吗？你能做到静若处子，动若脱兔吗？老师们，定才能生慧，有慧力才能破障断惑，才能开悟生命，才能拥有发现好消息的眼睛，才能拥有细腻的感情，才能捕捉到心之颤动的好消息，才能在好消息的背后体悟到生命的快乐和幸福。在这繁花似锦、斑驳迷离、活色生香、诱惑不断、暗香浮动、心猿意马、见异思迁、得陇望蜀的浮躁大染缸里，你能拥有"一片冰心在玉壶"清澈玉骨般晶莹的宁静之心吗？

当然能有，拥有宁静的心，拥有发现好消息的智慧，其实很简单。那就是：一要读书，"腹有诗书气自华"，让你的灵魂与书共舞；二要远离传播坏消息、整日抱怨纠结之人，与优秀的人在一起你会变得更加优秀，与正能量的人在一起你会变得更加强大，与小人在一起你会变得更加卑鄙，与负面能量的人在一起你会变得更加万念俱灰，活着也没有了意义；三要知足常乐，苦中作乐，助人为乐，自得其乐；四要有包容之心，君子和而不同，因为不同，才会有欣赏，因为有欣赏，才会有个性，因为有个性，才会有不同；五要记住相由心生，要像布袋和尚一样，露出八颗牙齿，笑口常开，微笑是人与其他动物的最大区别；六是要常怀感恩之心，滴水之恩当涌泉相报，慈母手中线，游子身上衣，谁言寸草心，报得三春晖。若没有哈佛摇篮，我不会来北京，或许我不会当老师；若没有哈佛摇篮，我不会有今天的开放视野，不会有今天的专科、本科各种资质的学习；若没有哈佛摇篮，或许没有我现在婚姻和家庭生活的稳定；若没有哈佛摇篮，更不会有我灵魂的净化和升华……同志们，老师们，拥有一颗纯净的心，才会拥有一双明亮而充满智慧的眼睛，才会有不断的好消息包围着你，你才会觉得快乐和幸福。

"尽日寻春不见春，芒鞋踏破岭头云。归来偶把梅花嗅，春在枝头已十分。"老师们，兄弟姐妹们，让我们记住星云大师的十句话吧。一是忙就是营养；二是要争气；三是多说 OK 少说 NO；四是感动就是佛心；五是病痛就是良药；六是拒绝要有代替；七是主场互换，将心比心；八是给人利用才有价值，坚信自己就是自己的贵人，有钱是福报，用钱才是智慧；九是宁可失去一切，但不能没有慈悲；十是有人批评诽谤我们，不一定是自己不好，可能是别人给我们的勉励。

好消息，人海茫茫，芸芸众生，我们走在了一起。好快乐，因为我的生命与你同在一起。好幸福，因为我们都是有缘之人，快乐之人。因为哈佛摇篮的饭好吃，哈佛摇篮的水甜，哈佛摇篮的宿舍更温馨，哈佛摇篮的园长更亲和，哈佛摇篮的同事如兄弟姐妹。

天天好消息，时时好快乐，心中好幸福。

让自己的内心充满正能量，让哈佛摇篮充满正能量

老师们，现在有两个词语在全中国流行，就是"正能量、中国梦"。我想，我们哈佛摇篮也要流行两个词语"正能量、哈佛摇篮梦"。中国梦，就是实现中华民族的伟大复兴，哈佛摇篮梦就是让中国更多的宝宝享受更优质的学前教育，在中国建设 100 家幼儿园和 100 家山村图书馆。

大家是否还记得日本作家江本胜博士的《水知道答案》的故事？你给水赞美，它就变成水晶美玉；你给水抱怨、批评，它就变成无规则的混乱的污水。大家是否知道？现在有一种病，让人十分恐惧不安，平均每分钟就有 6 个人患这种病，现在它仍然难以治愈，它就

是癌症！为什么会有这么多人得癌症呢？人的身体 70% 是由水组成的，水是生命之源。江本胜博士的《水知道答案》已经告诉我们了，凡是经常抱怨、指责、批评别人心胸狭隘的就容易患上这种病。同志们，老师们，今天的世界是复杂多变、生存压力加大、生活节奏太快的世界，有的人端起碗来吃肉，放下碗来骂娘；工资不高，没车没房；单位加班加点，感情纠结忐忑；上有老，下有小，老婆还唠叨。这种流行病愈来愈多，人们的免疫力急剧下降，我们哈佛摇篮有时也很难做到独善其身。有的老师开始抱怨：今天的饭真难吃，烦死了；唉，明天又加班，烦死了；怎么你比我多发十元钱，气死了；我班的家长真难缠，累死了；今天园长谈话了，冤枉死了……这些负面的情绪，在老师们日常生活中经常听到、感觉到。有的已经严重影响了哈佛摇篮的形象，有的已经碰到了法律红线。这种负能量，对自己是十分有害的，是非常容易患上不治之症的，对哈佛摇篮更是危险的，也是哈佛摇篮决不容忍的，因为哈佛摇篮是充满正能量的哈佛摇篮！

让自己的内心充满正能量。人的身体是一个小宇宙，打开自己的心与世界大宇宙对话、感受；吃亏是福，吃小亏小福小贵，吃大亏大福大贵；钱是王八蛋，今天没有明天赚，活在当下；放下屠刀，立地成佛，放下纠结，立即快乐；黑夜给了我黑色的眼睛，我要用来寻找光明；求人不如求己，求己不如早起；我举世无双，我笑遍世界，我要以全身心的爱迎接每一天的到来。没有比我更高的山，没有比我的脚更长的路。正能量的人像太阳，照到哪里哪里亮，负能量的人像月亮，初一、十五不一样。正能量的人给点阳光就灿烂，负能量的人见了月光也是黑暗。

给大家推荐几部书，一定要好好看看，陈安之的《成功学》、奥格·曼狄诺的《世界上最伟大的推销员》、戴尔·卡耐基的《人性的弱点》《快乐的人生》、夏洛蒂·勃朗特的《简·爱》以及《杨澜给女人的24堂幸福课》，等等。让自己的内心强大起来，才能抵得住负面能量，白细胞增多了，就不怕细菌了。

向自己的同事传递正能量。物以类聚，人以群分，在日常教育教学中，多与正能量的同事在一起，不接触负能量的人，发现她有负能量，你要把更强大的正能量传递给她，把她拉过来，拉不过来就远离她。加班，太好了，我怎么有这样的好运气；丢钱了，破财免灾，物质不灭吗；不是没找到男朋友，而是在等白马王子；得不到想要的，我会得到更好的；园长永远是对的；金钱如粪土，人品值千金；太好了！太棒了！太精彩了！而不是：还好吧，不错，还可以。天天好消息，时时好快乐，心中好幸福，赠人玫瑰，手留余香。和优秀的人在一起，自己会变得更加优秀；与成功的人在一起，自己会变得更加成功；和正能量的人在一起，自己会变得更加阳光。

向小宝宝们传递正能量。嗨，你的答案太棒了！老师亲你一下；鼓掌欢迎，嘉许一下；太精彩了，一起拥抱；笑眯眯，笑眯眯，我的眼睛笑眯眯；没问题，你能行；我爱你小宝宝，咱们全班小宝宝都爱你。孩子是天真无邪的，是没有任何污染的。爱孩子是我们做老师的天职，我们从事的事业就是爱的教育，我们无愧于太阳底下最高尚的人的称号，我因与可爱的孩子们在一起而有正能量，而幸福，而快乐；我永远都不会体罚或变相体罚我的孩子；我永远都不会呵斥我的孩子；我以全身心的爱爱每一个孩子，我把我的每一分钟热情都献给我的孩子们。因为我是孩子的灵魂工程师，因为我给孩子注入的正能量能改变孩子的一生，能影响孩子的孩子的孩子，甚至于影响一个民族。向小宝宝传递正能量是我的天职，是我的使命。向孩子们传递正能量，欣赏嘉许我的孩子们，也是在汲取孩子们的正能量，欣赏嘉许我自己，让我变得更强大。

向家长传递正能量。咱家的宝宝今天太棒了，咱家的孩子今天讲的故事可精彩了，咱家的宝宝今天同学们都拥抱他了，咱家的宝宝今天来得最早了，你是非常会做爸爸的爸爸，你是最优秀的妈妈，你太有方法了，好嘞，没问题，放心吧，咱们一起努力解决这个问题，家园联系册写得太好了……向家长传递正能量，家长就向你、向园长传递正能量：这个老师可好了，这个老师对我孩子太好了，小宝宝可喜欢你了，我家小宝宝天天盼着早起床，早到幼儿园。幼儿园工作就是家长工作，谁向家长传递的正能量多，谁的家长工作就做得好，谁的幼儿园就办得好；谁向家长传递正能量，家长就会调动一切资源帮助谁，给谁正能量。人们常说，女孩不是因为美丽才可爱，而是因为可爱才美丽。今天，家长们都说，老师不是可爱才美丽，而是给我们家长正能量才可爱。

向爸爸妈妈传递正能量。我们幼儿园可好了，放心吧！老爸，好消息，我当班长了；老妈，好消息，我当选十大杰出青年了；老爸，好消息，我当选先进工作者了；老妈，又要涨工资了；老爸，我不缺钱，你要多穿点衣服，天降温了。我常讲，在这个世界上，什么事都可以不做，有一件事不能不做，那就是孝敬父母；在这个世界上，什么事都可以不管，有一件事不能不管，那就是孝敬父母。拿什么来孝敬父母呢？亲爱的老师们，难道经常告诉父母，在北京吃不好、穿不好，消费又高，节奏太快，园长管得严，同事常找事吗？谁言寸草心，报得三春晖，让父母不挂念、放心、安心，才是最大的孝顺，向父母传递正能量才是最大的孝顺。

向哈佛摇篮传递正能量。哈佛摇篮是我的家，我们都来呵护她，我爱我的哈佛摇篮，我把我的每一分钟热情都献给我的哈佛摇篮，学习园长好榜样，园长永远是对的，没有哈佛摇篮就没有我的现在、我的婚姻、我的家庭，是哈佛摇篮改变了我的生活，我感恩哈佛摇篮，放心吧，园长，我不会离开的。哈佛摇篮有问题、有困难，是发展中的问题、发展中的困难，我对哈佛摇篮未来有信心，哈佛摇篮的梦想一定能够实现，而不是：大不了我不干了！怎么还没给我买保险？怎么工资这么低？凭什么给班长涨工资不给我涨？不能有点不顺心就抱怨这个世界不公、不平。

老师们，我一直有一个梦想，就是把哈佛摇篮建设成为一个既有军队般纪律又有家庭般温暖幸福的大家庭。"家"文化是哈佛摇篮的核心文化，我们将为此不懈努力。我也深深知道，由于企业发展速度过快，我们也有很多不尽人意，甚至有些做法令老师失望的地方，但我们从来没有放弃我们的梦想，从来没有停下前进的脚步。无论风多大、雨多大，20位优秀的园长、王总、陈园长和我从来没有一天的懈怠，从来没有把我们的快乐建立在别人的痛苦之上。恰恰相反，为了让老师更加快乐、幸福地工作和生活，提高老师们的幸福指数，我们不断地自我加压，即使有委屈，擦干眼泪毅然勇往直前，永不停歇。

哈佛摇篮真的是一个充满激情、责任与梦想的哈佛摇篮，更是一个充满了强烈的事业心、闪烁着爱的光芒、阳光、积极向上的充满强大正能量的哈佛摇篮，让我们珍惜呵护她吧！

让自己的内心充满正能量，让哈佛摇篮充满正能量吧。让我们记住一个精彩的故事吧。美国作家欧·亨利在他的小说《最后一片叶子》中讲了一个故事：病房里，一个生病垂危的病人从房间里看见窗外的一棵树，树叶在秋风中一片片地落下来。病人望着眼前的萧萧落叶，身体也随之每况愈下，一天不如一天。她说："当树叶全部掉光时，我也就要死了。"一位老画家得知后，用彩笔画了一片叶脉清脆的树叶挂在树枝上，最后一片树叶始终没有掉下来。只因为生命中的这片绿叶，病人竟然奇迹般地活下来了。老师们，兄弟姐妹们，你就是这位充满正能量的画家，你就是所有生命中的一片树叶，让我们一起为我们的生命画一片树叶吧，让我们的生命、让哈佛摇篮、让全社会充满正能量吧。

我要成为全世界最顶尖的蒙台梭利教育专家

　　哈佛摇篮为什么在创立第一个十年之后的今天选择蒙台梭利呢?

　　老师们，你每天上班、下班、吃饭、睡觉，每天忙忙碌碌，周而复始。你是否感觉到了你的周围、你的世界乃至你的生命，都在不知不觉、悄无声息地发生着变化。有的变化已经颠覆了你的生活方式、思维方式、人生观和价值观。比如，今天的微信，今天的网购。2012年的11月11日，在中国发生了一件事，你还记得吗? 这一天，它改变了整个中国，让所有的中国人终于如梦方醒，终于明白了今天的世界是一个什么世界，每一个企业家，每一个政治家，每一个关心自身生存的人，都如遭受背后一掌，陷入了沉重的思考。中国之路，路在何方？我的人生之路，路又在何方？这绝不是危言耸听，这是今天的人们每天每分每秒要面临的现实。

这个世界变化实在是太快太快，令人无奈和不安。物竞天择，适者生存，在这个世界上，唯一不变的东西就是变。

现在中国经济正在发生着深刻的革命，面临着从粗放型向节约精细型、结构优化型转变。中国的教育也在发生着另一场革命。"转型"一词成为每一个智者面前急待解决的生命关键词，中国企业处于转型的十字路口，中国的教育处于转型的十字路口。我们的哈佛摇篮也很难独善其身，也正面临着生死存亡的十字路口。一方面，由于政府办幼儿园的力度正在加大，如今幼儿园如雨后春笋，遍地开花。民办幼儿园四面楚歌，生存艰难。另一方面，公办园增加，民办园教师不断报考公办教师，致使一部分幼儿骨干教师流失，师资队伍不稳定，严重影响教学质量。民办幼儿园的生存空间日趋变窄，怎么才能杀出重围，求得自己的生存空间呢？那就是以变应变。要彻底摆脱过去重数量、轻质量的办园模式，要真正向单体园要效益，要彻底改变过去分科教学的课程模式，要向主题课程要效益，要彻底改变过去我们集团的核心竞争力模糊、办园特色不突出靠外教来凑合的时代，彻底向蒙台梭利课程和专业的师资队伍建设转型，才是我们真正的核心竞争力。

老师们，转向蒙台梭利，是我们企业生存与发展的需要，更是我们承袭陈亚男总园长教育思想，更深层的拓展、挖掘、提升的需要，也是老师们为了个人生存与发展的需要。今日之中国幼儿教育，百花齐放，如何独树一帜，那就要真正突出自己的差异化特色。蒙台梭利早已风靡全世界，我们也在十年前开始了探索，十年后的今天，天时、地利、人和。残酷的现实和有情的历史，让我们选择了蒙台梭利，同时也让你抓住了一次人生走向正确轨道的机遇。我常讲，一生只做一件事，每天进步一点点。一生只做幼儿教师是正确的选择，但是幼儿教师的领域太广阔了。老师们，今天的这个世界，是一个工作极其细分的时代，决不能再搞什么"十八般武艺样样稀松"了，而是"一招鲜，吃遍天"。在五彩缤纷的幼教领域里，全力以赴、专心致志、聚精会神地研究蒙台梭利的教育思想是最佳的成功选择。

如果你能在哈佛摇篮研究蒙氏5年，你将成为哈佛摇篮幼教集团最顶尖的幼儿教师。如果你能在哈佛摇篮研究蒙氏10年，你将成为北京地区最顶尖的幼儿教师。如果你能在哈佛摇篮研究蒙氏20年，你将一定成为全中国最顶尖的幼儿教师。如果你在哈佛摇篮研究蒙氏40年，那么在你66岁大寿的时候，在8月31日，在遥远的意大利玛利亚·蒙台梭利的家乡安科纳的孩子们、老师们，将会用无数的鲜花簇拥着你。因为你的一生都献给了蒙台梭利，都献给了孩子们。你是蒙台梭利的转世，你是蒙台梭利的精神引航者，你是令全世界幼儿教师尊敬的幼儿教育家。老师们，你相信这一天吗？是的，这一天一定会到来，一定能够到来。在此，我也自豪地告诉大家，我们的陈亚男总园长在不久前，就站在玛利亚·蒙台梭利的墓前，向蒙台梭利老奶奶许下了愿望，一定将蒙台梭利的教育思想在中国发扬光大，一定要让中国更多的孩子享受最优质的学前教育，一定培养出一批能够引领中国蒙氏教育的杰出的蒙氏教育专家。

怎样才能成为全国最顶尖的幼儿教育专家呢？

一、从今天开始，将蒙台梭利画像打印出来三张，一张贴在床头上，一张贴在办公室里，一张放在身上。每天都面对着蒙台梭利老奶奶说一句同样的话："我就是您的化身，我将要成为您这样的人。"

二、将蒙氏著作《童年的秘密》《发现儿童》《蒙氏早教法》《新世界的教育》等书放在床头，认真地研读，经典部分要会背诵。

三、要远学玛利亚·蒙台梭利，近学陈亚男园长和高可净老师。学习导师陈园长，学习可净好榜样。

四、要制订学习计划，要有目标。要用两年的时间，成为本幼儿园的骨干。要用五年的时间，成为哈佛摇篮幼教集团的蒙氏教育专家。要在人生 30 岁时，出一本有关蒙氏方面的书。要在 36 岁本命年时，出第二本蒙氏专著，并在全国讲学。要在 40 岁时，出第三本蒙氏专著，并在大学讲课，出一套教育文集。要在 60 岁本命年时，你遍布全国各地的蒙氏学生将为你祝寿。要在你 66 岁时，你的第二套教育文集出版，并带着你的 20 本书和 2 套文集，在蒙台梭利的墓前为世界学前教育祈祷。你 90 岁，100 岁，百年之时，你的墓志铭将是：中国最著名的幼儿教育专家，毕生都献给了伟大的蒙台梭利儿童教育事业。

五、永远记住改变人类进程的最伟大的政治家之一丘吉尔的三句话，一是永不放弃，二是永不放弃，三是永不放弃。

结语

我流一滴眼泪的力气都没有了

每一篇结语都是作者内心世界的呼唤，每一篇后记都是作者理解生命、感悟生命、热爱生命的憧憬。"我流一滴眼泪的力气都没有了"，这是我爱人五年前，昏迷三天后苏醒过来用微弱的声音在我耳边说的一句话。我不知道这五年是怎么熬过来的。可是，每当我想起这句话，我的心就如刀绞一般，眼眶就会湿润。这句话改变了我的世界观、人生观和价值观，改变了我的命运轨迹和我的儿童观、教育观、家长观，也改变了我的企业理念和发展方向。感谢上天对我和我爱人的眷顾，在九死一生中给了我爱人一条生命，感谢上天在我头脑发涨，一心一意只顾事业做大、一往无前的时候，以这种形式唤醒我的生命，告诉我，人的生命真谛到底是什么？也或许我和我的企业也因此躲过了一场更大的劫难。

这本书终于杀青了，如果说这本书能给伙伴们对生命、对儿童、对教育、对自然、对中国，对世界带来些思考的话，我在上苍面前，在我生命中最为痛苦与艰难，最忧郁与恐怖的岁月里给无限爱意和温暖的亲友面前，特别是在十分关注我成长的杨志彬老先生面前也算有个交待了。杨老教诲我：豹头、猪肚、凤尾，最好再有一篇结语。听话照做是我一生的行为准则，其实，我也有此意。实在是工作的躁动没有让我真正静下心来，但最根本的原因还是在逃避内心深处的恐慌与不安，以工作的忙碌来掩盖灵魂的孤寂与空虚，尤其是不愿品尝生离死别的生命之痛，回忆真的是需要勇气。可是，杨老语重心长、耳提面命，文章也讲究浑然天成，否则也对不起伙伴们的阅读习惯。我思忖酝酿很久，我想，一定要把影响我生命最重要的事情表达出来，才有一种快感，最终才有了结语的第一句话。因为这句话几乎每天都萦绕于心间，从来不需要想起，也从来没有忘记。这句话给了我太多太多，无论是行动，还是思考，还是力量。

五年前，我的事业观是"人生在世、事业为重、一息尚存、绝不轻松"，"修身、齐家、治国、平天下"，"万般皆下品，惟有读书高"，"学而优则仕"，光宗耀祖，衣锦还乡。并且深受范曾老先生，要先成功必然是"有父有母不能看，有儿有女不能见，忍无可忍还得忍，难舍难分还得分"的影响。做任何事情都是全力以赴，不留遗憾，心无旁骛，一心一意干事业，聚精会神求发展，男人不顶天立地，情何以堪。我天天听的是陈安之的成功学，"一日之计在于昨晚"，"办法总比困难多，没有过不去的火焰山"，"和优秀的人在一起，我会变得更加优秀，和成功的人在一起，我会变得更加成功"；我天天看的是《三国演义》、《孙子兵法》、《资本运营》、《企业管理》；天天谈的是经济、金钱、利润、团队、培训；天天跑的是银行、教委、民政、老乡会、同学会、说不清的各种论坛、各种会；天天顶礼膜拜的是毛泽东、比尔盖茨、柳传志、王石；天天坐的是汽车、火车、飞机。几乎每天都是这样在时间与空间错落交换中奔跑，虽然有时很累很累，但自我还常常以为"痛并快乐着"。汽车开到140迈还嫌慢，风驰电掣般的高铁为何不再快些、再快些，一个新园开发如果没中标，就痛恨不已，一个员工讲话吞吞吐吐就恶意打断；一节20分钟的课堂几乎没完整听过，下班的路从来不是回家的路，衣服几乎从来没洗过、从来没烫过，从来没与孩子平平静静、认认真真地吃过一次饭，聊过一次天，即使爱人住了院也是在饭店里订制成品，一年之中没有体验过一个真正的星期天。最令今天的我忍俊不禁的是，我十年前充满激情地告诉我的爱人"我是人类的人，你是我的人"。躁动世界的喧嚣、浮华与浅薄、冷漠，也同样让自己自认为十分柔软的心房磨钝成茧，很少再能体会到"感时花溅泪，恨别鸟惊心"、"落日与孤鹜齐飞，秋水共长天一色"之美了。忙碌的心似乎充实，事业似乎风生水起，自己还在沾沾自喜之时，孩子在青春期的个性中还没完全走出之时，爱人肝衰竭陷入昏迷，一波未平一波又起，刚抢救过来不久又查出肺癌。老天爷在我撕心裂肺的伤口上又撒了一把盐，看到爱人从佑安门医院刚刚扒出一条命，又顶着麻醉剂对她无效的剧痛被推进了北大人民医院手术台，当医生捧着切下的50%左肺叶片让我看的时候，我的泪水夺眶而出，再也没有控制住自己。停下来所有的工作，慢下来所有的节奏，好好陪着爱人成了我唯一的选择。爱人出院后的生活极度地挑战了我，照顾病人可不是这么简单，比起做企业要复杂困难的多，最令我日夜不安的是，这几年每时每刻都陷于唯恐癌症复发转移的极度恐慌中。尽管现在好了许多，但也没有彻底摆脱这个阴影，我需要做的就是祈求老天，阿弥陀佛，要求自己一切要慢下来。今天的我终于明白了一个道理，人生最大的成功是家庭教育的成功，是执子之手携手到老的成功，而不是事业的大小，财富的多少。今天才真正地体会到了德国的哲学家费尔巴哈说过的"*人活着的第一要务就是要使自己幸福*"的道理。当然，也有善意的朋友告诉我，若不是几千个小宝宝的加持，我是没有今天这个福报的。

大家知道爱斯基摩人在北极圈里是怎么抓到没有天敌的北极熊吗？爱斯基摩人先杀死一只海豹，把它的血倒进一个水桶里，用一把开刃的匕首撬在血液中央，因为气温太低，海豹的血很快凝固，形成棒冰，把它倒在冰雪上，嗜血如命的北极熊从几公里之外就扑了过来，开始舔起美味的血棒冰，舔着舔着，它的舌头渐渐麻痹。但是，无论如何，它也不会放弃这样的美食。血的味道变得更好，是更新鲜的血，温热的血，这是它自己的鲜血，是血棒中的匕首扎破它舌头的血，它的舌头早已麻木，没有了感觉，而鼻子却很敏感，知道新鲜的血来了。舌头伤的愈深，血流的愈多，北极熊添的愈有劲。最后，北极熊昏厥过去，倒在了血泊之中，成了爱斯基摩人的大餐。

每当想起这个故事，我的心在流泪，我不就是这个"北极熊"吗？我身边的朋友还有我们的园长、家长，又有多少不是"北极熊"

的呢？

叔本华说过："人的生命是一团欲望，欲望不满足就会痛苦，欲望满足就会无聊，人的生命就是在痛苦与无聊之间来回摆动。"

我们怎样在这生命之摆动中寻求平衡呢？

欲望不能升华，就只能是无聊和沉沦。

欲望能升华，就是崇高和空灵。

亲爱的园长同仁，梭罗说："闭上双眼，转个向，就会迷路"。而在今天的世界中，不闭双眼，不转向，就会迷路。我们迷路了吗？在实际生活中，女性是迷路的最高发人群，而我们园长中90%都是女性，是高发人群中的高发人群。

作为男人，过去我很纠结，一边是"马云"，一边是"星云"，现在也时常为此纠结，乃至痛苦，或许人生就是叔本华讲的满足与无聊之间摆动的人生吧。

我们的幼儿园发展多大，做多少家连锁才算好呢？到底做一个什么样的园长呢？家庭与事业到底怎样寻求平衡呢？

亲爱的伙伴，这本书所有的文章你都可以不看，所有的故事你都可以忘掉，我只是发自内心地强烈地建议人类世界最美丽、最可爱、最纯洁的一个群体——我们的园长，一定要记住北极熊的故事，并且要讲给所有的家长与朋友听。永远要记住纪伯伦的一句话："**不要因为走的太远，忘了我们为什么出发。**"

我的事业，一半是教育，一半是种树，其实我最喜欢三毛的一首诗，我们一起共勉吧：

如果有来生，

要做一棵树，

站成永恒，

没有悲欢的姿势。

一半在尘土里安详，

一半在风里飞扬；

一半洒落荫凉，

一半沐浴阳光。

非常沉默、非常骄傲、从不依靠、从不寻找……